Petra Reinken

99 LIEBLINGSORTE
IN DER LÜNEBURGER HEIDE
& DREI ORTE DER ERINNERUNG

CULTURCON *medien*

Impressum

Bibliografische Information der Deutschen Nationalbibliothek:
Die Deutsche Nationalbibliothek verzeichnet diese Publikation in der Deutschen
Nationalbibliografie; detaillierte bibliografische Daten sind im Internet
über http://dnb.d-nb.de abrufbar.

CULTURCON *medien*
Bernd Oeljeschläger

Choriner Straße 1, 10119 Berlin
Telefon 030/34398440, Telefax 030/34398442

Ottostraße 5, 27793 Wildeshausen
Telefon 04431/9559878, Telefax 04431/9559879

www.culturcon.de

Gestaltung: Ines Mühlenhoff
Bildbearbeitung: Bernd Böhlendorf
Titelfotos: Gunda Ströbele, Arbeitskreis Astronomie Handeloh, Petra Reinken,
Wolfgang Weiler/projekt d/Bad Bevensen Marketing GmbH, Antiquitätencafé
Schwarmstedt, Petra Reinken
Druck: Elbe Druckerei Wittenberg

Berlin/Wildeshausen 2011
Alle Rechte vorbehalten.

ISBN 978-3-941092-61-7

INHALT

IM HERZEN
Landkreis Heidekreis

[1] Gutskapelle
Stellichte 11

[2] Grundloser See
Ebbingen 12

[3] Weltvogelpark
Walsrode 14

[❋] Der besondere Ort
Eibia-Gelände
Bomlitz 16

[4] Lönsgrab
Bad Fallingbostel 18

[5] Lieth
Bad Fallingbostel 19

[6] Heidjer-Tipp
Zauberkessel
Walsrode 20

[7] St.-Georg-Kirche
Meinerdingen 22

[8] FloraFarm
Bockhorn 23

[9] Klingendes Museum
Schwarmstedt 24

[10] Antiquitäten-Café
Schwarmstedt 25

[11] Siebensteinhäuser
bei Ostenholz 26

[12] Breidings Garten
Soltau 28

[13] Spielmuseum
Soltau 30

[14] Spielraum
Soltau 31

[15] Soltau-Therme
Soltau 32

[16] Schäferhof
Neuenkirchen 34

[17] Kunst in der Landschaft
Neuenkirchen 36

[18] Rutenmühle
Neuenkirchen 37

[19] Sprengeler Mühle
Sprengel 38

[20] Käseschmiede
Lünzen 40

[21] Höpen/Heidegarten
Schneverdingen 41

[22] Eine-Welt-Kirche
Schneverdingen 42

[23] Pietzmoor
Schneverdingen 43

[24] Hof Möhr
Schneverdingen 44

[25] Camp Reinsehlen
Schneverdingen 45

[26] Walderlebnis
Erhorn 46

[27] Totengrund
Wilsede 48

[28] Wilseder Berg
Wilsede 49

[29] Jakobsweg am Tütsberg
Bispingen-Behringen 50

[30] Borstel in der Kuhle
Bispingen 52

[31] Ole Kerk
Bispingen 54

[32] Heidekastell Iserhatsche
Bispingen 55

[33] Greifvogel-Gehege
Bispingen............................... 57
[34] Schafstallkirche
Munster................................. 58
[35] Glaskunst
Munster................................. 59

IM NORDEN
Landkreise Lüneburg
und Harburg

[36] Freilichtmuseum
Kiekeberg
Ehestorf............................... 62
[37] Wildpark Schwarze Berge
Rosengarten........................ 63
[38] Rangierbahnhof
Maschen.............................. 64
[39] Heidjer-Tipp
Horster Mühle..................... 66
[40] Märchenwanderweg
Jesteburg............................. 68
[41] Schmetterlingspark
Buchholz-Seppensen........... 69
[42] Wassermühle Holm........... 70
[43] Café im Schafstall
Wörme................................. 71
[44] Dorf Wörme
Wörme................................. 73
[45] Planetenlehrpfad
Handeloh............................. 74
[46] Wehlen................................ 76
[47] Kunststätte Bossard
Jesteburg............................. 77
[48] Wildpark
Lüneburger Heide
Nindorf................................ 79

[49] Philosophischer
Steingarten
Egestorf............................... 80
[50] Barfußpark
Egestorf............................... 82
[51] Ameisenausstellung
Döhle................................... 83
[52] Schwindequelle
Schwindebeck...................... 84
[53] Lopautal
Wulfsode- Lopautal.............. 87
[54] Oldendorfer Totenstatt
Oldendorf............................. 88
[55] Marxener Paradies
Marxen am Berge................. 90
[56] Dom Bardowick
Bardowick............................91
[57] St. Nikolaihof
Bardowick............................ 93
[58] Hansestadt Lüneburg....... 94

IM SÜDOSTEN
Landkreise Celle, Gifhorn
und Uelzen

[59] Skulpturenpfad
Bienenbüttel........................ 98
[60] Treckermuseum
Niendorf I............................ 99
[61] Kloster Medingen
Bad Bevensen......................100
[62] Museum Schliekau
Bad Bevensen......................102
[63] Garten der Sinne
Bad Bevensen......................104
[64] Jod-Sole-Therme
Bad Bevensen......................105

- [65] Burgkapelle Gollern 106
- [66] Kartoffelladen
  Barum 107
- [67] Heidjer-Tipp
  Wiesencafé Hof Haram
  Oldendorf II 108
- [68] Wege der Besinnung
  Ebstorf 110
- [69] Wacholderheide
  Eimke 112
- [70] Arboretum
  Melzingen 113
- [71] Wildgatter
  Uelzen 114
- [72] Weg der Steine
  Uelzen 115
- [73] Hundertwasser-Bahnhof
  Uelzen 116
- [74] Bauckhof
  Klein Süstedt 118
- [75] Schloss Holdenstedt
  Holdenstedt 119
- [76] St. Remigiuskirche
  Suderburg 120
- [77] Rieselwiese
  Suderburg 122
- [78] Museumsdorf
  Hösseringen 124
- [79] Wasserburg
  Bad Bodenteich 125
- [80] Schweimker Moor
  Lüder 127
- [81] Otterzentrum
  Hankensbüttel 129
- [82] Bauer Banse
  Kakerbeck 130
- [83] Mühlenmuseum
  Gifhorn 132
- [84] Glockenpalast
  Gifhorn 134
- [85] Stallcafé & Heuhotel
  Gifhorn-Winkel 135
- [86] Heidjer-Tipp
  Bauerncafé Röling
  Sprakensehl 136
- [87] Albert-König-Museum
  Unterlüß 138
- [88] Luftbrückenmuseum
  Faßberg 140
- [89] Galerie Brammer
  Müden 141
- [90] Bootsanleger Baven
  Baven 143
- [91] Atelier am Markt
  Hermannsburg 144
- [92] Ludwig-Harms-Haus
  Hermannsburg 146
- [93] Heidjer-Tipp
  Gänsestube
  Misselhorn 148
- [94] Haus der Natur
  Oldendorf 150
- [95] Ruheforst Südheide
  Feuerschützenbostel 151
- [❋] Der besondere Ort
  Gedenkstätte Esche 152
- [❋] Der besondere Ort
  Gedenkstätte
  Bergen-Belsen
  Bergen 154
- [96] Gut Sunder
  Meißendorf 156
- [97] Deutsches Erdölmuseum
  Wietze 157
- [98] Residenzstadt Celle 158
- [99] Kloster Wienhausen 161

Vorwort

Eine Reise durch die Lüneburger Heide ist eine Reise von Buchholz in der Nordheide bis nach Celle und Gifhorn im Süden, ist eine Reise von Walsrode im Westen bis an die Elbe im Osten. Es ist eine Reise durch ein Gebiet, das geprägt ist von Landwirtschaft und Wald, von Mooren und natürlich von ausgedehnten Heideflächen. Im Herzen der Lüneburger Heide befindet sich eines der ältesten Naturschutzgebiete Deutschlands: Die preußische Regierung stellte die Flächen rund um den Wilseder Berg 1922 unter Schutz.

Auch dem Heidjer heute ist der lila blühende, süß duftende Zwergstrauch ans Herz gewachsen. So hegt und pflegt er ihn, schickt Schafe in die Fläche, die die Heide kurz halten und junge, aufstrebende Baumtriebe abknabbern. Entkusselungsgruppen treffen sich regelmäßig, um jene Bäume aus den Heideflächen zu entfernen, die die Schnucken nicht erwischt haben. Der Mensch sorgt dafür, dass die Kulturlandschaft Lüneburger

Heide das bleibt, was sie ist: Ein romantisches, ausgedehntes Blütenmeer im August und eine weite, offene Fläche im Dezember, über die der kalte Wind pfeift. Aber – öffnet man den Blick bewusst – ist sie eben noch weit mehr als das: Eine Landschaft mit Wäldern aus alten, prächtigen Buchen, mit Nadelforsten, mit Mooren, die geschützt werden und die sich langsam vom Torfabbau erholen. Und eine Landschaft mit hübschen Städten und vielen engagierten Menschen, die die Orte lieben, in denen sie wohnen.

Dieses Buch will der Vielfalt, die die Lüneburger Heide bietet, gerecht werden. Die 99 Orte sind von der Autorin mit der Hilfe vieler Einheimischer, die bereit waren, ihre Lieblingsorte preiszugeben, zusammengetragen worden. Dazu gehört ein Märchenwanderweg im tiefen Klecker Wald bei Jesteburg ebenso wie der imposante Totengrund nahe Wilsede. Dazu gehört ein uriges Pietzmoor bei Schneverdingen genauso wie kleine und große Baudenkmäler, Kirchen und Parks. Dazu gehören auch Museen und Cafés, die existieren, weil einzelne engagierte Menschen ihr Herzblut hineinstecken.

Die Lieblingsorte werden ergänzt durch einige Orte, die nachdenklich stimmen, und ebenso zur Geschichte der Lüneburger Heide gehören. Es sind die Gedenkstätten Bergen-Belsen und Eschede sowie das Eibia-Gelände in Bomlitz. Es gibt keinen Grund, die Orte der Erinnerung an Unglücke und schlimme Zeiten zu verschweigen, weil sie wichtige Erinnerungskraft gegen das Vergessen haben.

„99 Lieblingsorte in der Lüneburger Heide" ist ein subjektives Buch von Einheimischen für Gäste und Heidjer. Es legt den Fokus auf das Hier und Jetzt. Lernen Sie Landschaft und Leute aus der Sicht derer kennen, die in der Region leben, sie schätzen und in ihr verwurzelt sind.

IM HERZEN
Landkreis Heidekreis (Soltau-Fallingbostel)

Wichtiger Hinweis!
Bitte beachten Sie: Viele der in diesem Buch vorgestellten Museen, Bauwerke und Einrichtungen haben individuelle Öffnungszeiten, einige sind ganzjährig geöffnet, andere schließen im Winterhalbjahr. Damit Sie sich informieren können, sind Telefonnummern und Internetseiten angegeben. Die Angaben über die einzelnen Orte sind nach bestem Wissen und Gewissen recherchiert.

[1] Ein Schatz der Renaissance
Gutskapelle Stellichte

Dafür, dass sie so klein ist, hat sie einen ziemlich langen Namen: Einheimische sagen kurz Gutskapelle Stellichte, wenn sie die St.-Georg-Christophorus-Jodokus-Kirche in der beschaulichen Ortschaft Stellichte bei Walsrode meinen. Dietrich von Behr der Jüngere ließ die Kapelle, die nach drei Heiligen benannt ist, 1608 bis 1610 als Grablege für seine verstorbene Frau erbauen. Sie ist eine der wenigen erhaltenen Renaissance-Kirchen in Norddeutschland und ein außergewöhnliches Kleinod der Region. Der wahre Schatz aber verbirgt sich im Inneren!

Dort befindet sich – eingebettet in prachtvolles Renaissance-Ambiente mit vollständig erhaltener Kassettendecke, mit Gestühl, einem bunten Fußboden und einem um vier Stufen erhöhten Altar – eine beeindruckende Renaissance-Orgel. Leuchtende Farben und wunderschön verzierte Prospektpfeifen stellen ein Gesamtkunstwerk dar, wie man es an diesem doch eher abgeschiedenen Fleckchen Erde nicht erwartet hätte. Der Innenteil der Orgel ging über die Jahre verloren, wurde aber Mitte der 1980er Jahre erneuert und klanglich rekonstruiert. Es ist davon auszugehen, dass die Orgel heute wieder so klingt, wie sie klang, als sie 1610 aufgestellt wurde. Stellichte lässt sich bestens auf einer Fahrradtour anfahren: Es geht durch beeindruckende Buchenwälder und traumhafte Landschaften im Lehrde-Tal.

St.-Georg-Christophorus-Jodokus-Kirche
(von Behrsche Gutskapelle Stellichte)
29664 Walsrode
Küsterin Iris Borchert
T 05168/309
www.stadtkirche-walsrode.de

[2] Unendlich tief?
Grundloser See, Ebbingen

Um es vorwegzunehmen: Doch, der Grundlose See hat einen „Grund", einen Boden, der bei rund zwei Metern Tiefe liegen soll. Woher also der See seinen Namen bekam, ist unklar. Eine Überlieferung besagt, die schwarze, moorige Oberfläche lasse den See als unendlich tief erscheinen, eine andere erklärt die Existenz des Sees dadurch, dass vor gut 1.000 Jahren ein Komet dort niedergegangen sein soll. Das Gewässer befindet sich zusammen mit einem weiteren See inmitten des Naturschutzgebiets Grundloses Moor, einem ehemaligen Hochmoorareal, in dem früher Torf gestochen wurde. Durch Maßnahmen zur Wiedervernässung erholt sich die Natur nach und nach wieder.
Von Ebbingen oder Fulde aus geht es

tief in den Wald hinein, Kiefern und Birken prägen das Waldbild. Die Geräusche der Zivilisation verlieren sich mit der Zeit. Man ist dennoch nicht immer allein, denn Spaziergänger, Vogelfreunde und Jogger haben den schönen Rundweg um den Grundlosen See für sich entdeckt. Der Rundkurs ist aber lang genug, um sich aus dem Wege zu gehen und die Schönheiten der Natur in vollen Zügen zu genießen.

Zu diesen Schönheiten gehört der rundblättrige Sonnentau genauso wie die Rosmarin- und Glockenheide. Auch die Rauschbeere, ein kleiner Strauch aus der Gattung der Heidelbeere, der auf die Begebenheiten im Moor spezialisiert ist, kommt häufig vor.

Grundloser See
29664 Walsrode / Ebbingen

[3] Ara, Beo, Pinguin und Co.
Weltvogelpark Walsrode

Der Weltvogelpark Walsrode kann mit Superlativen aufwarten: Mit 4.000 Vögeln bei 650 Arten ist er nach eigenen Angaben der weltweit größte Vogelpark und einer der zehn artenreichsten Zoos der Welt. Was Besucher der 24 Hektar großen Anlage mit ihren vielen schillernden Bewohnern nicht sehen: Der Park steckt viel Engagement in Züchtung und den Erhalt aussterbender Arten. Wenn stark dezimierte Arten sich in freier Wildbahn wieder rege-

nerieren, haben auch die Fachleute des Weltvogelparks manchmal ihre Hände im Spiel. Sie unterstützen Arterhaltungsprogramme in der ganzen Welt. Auch bei Nachzuchten sind die Walsroder Vogelkenner erfolgreich: Bunttukan, Grautoko, Silberwangen-Hornvogel und andere Arten wurden erstmals in Walsrode aufgezogen. Viele Besucher schätzen neben dem Reichtum an Vögeln und deren Präsentation in großen Freiflughallen und naturnah gestalteten Gehegen besonders die gepflegten Parkanlagen auf dem Gelände. Wer Rosen, Rhododendren oder Azaleen mag – um nur ein paar Beispiele zu nennen –, wird zur Blütezeit Augen machen.

Um 2008 begann der Park, an einem Imagewandel zu arbeiten, um auch für junge Familien attraktiver zu werden. Hinzugekommen sind besonders Erlebnisangebote für Kinder: Dazu gehören die Lori-Fütterung oder der Wasserspielplatz. Das Angebot an Flugshows wurde erweitert und wer sich für einen Blick hinter die Kulissen interessiert, hat dazu nach Anmeldung ebenfalls die Möglichkeit.

Entstanden ist der Park – wie so viele der Lieblingsorte in der Lüneburger Heide – aus einem Hobby: Der Walsroder Kaufmann Fritz Geschke züchtete Fasane und Wasservögel. Seine Tochter Uschi und ihr Ehemann Wolf Brehm professionalisierten die Zucht und bauten das Hobby in den 1960er Jahren zu einem Anziehungspunkt für Tierliebhaber aus. Schon damals hatten Aufzucht- und Schutzprojekte einen hohen Stellenwert.

Weltvogelpark Walsrode
Am Vogelpark
29664 Walsrode
T 05161/60440
www.weltvogelpark.de

[✱] **Der besondere Ort**
Relikte einer dunklen Epoche
Eibia-Gelände, Bomlitz

Die Truppenübungsplätze Munster und Bergen-Hohne sind militärische Gegenwart, das Eibia-Gelände zeugt von einer militärischen Vergangenheit, die die Lüneburger Heide ebenfalls geprägt hat. Heute ein etwa 180 Hektar großes Waldstück in Bomlitz, befand sich auf dem Areal zur Zeit des Nationalsozialismus ein Standort der größten Pulverfabrik des Dritten Reiches. Aufgeschüttete Erdwälle, die das Gelände heute durchziehen, sind Relikte dieser dunklen Epoche, ebenso Bunker, Mauerreste oder ganze Gebäude, die seinerzeit der Lagerung oder Produktion von Pulver dienten. Mehr noch: Die gesamte Ortschaft Benefeld wuchs in den 1930er Jahren um ein Vielfaches, damit Arbeitskräfte aufgenommen werden konnten. 6.000 waren es zu Spitzenzeiten – vorwiegend Fremd- und Zwangsarbeiter. Noch heute entspricht die Siedlungsstruktur dem Aufbau der ehemaligen Arbeiterlager.

Das Gelände ist seit den 1980er Jahren geräumt und heute ein Landschaftsschutzgebiet. Auffällig an den Lager- und Produktionsgebäuden, die noch stehen, sind die begrünten Flachdächer. Es wachsen bis zu 15 Meter hohe Bäume auf den Dächern. Das Grün diente der Tarnung. Überwiegend in Skelettbauweise errichtet – Mauerwerk zwischen Betonpfeilern – konnten die Gebäude bei Produktionsunfällen schnell wieder

aufgebaut werden. Denn im Normalfall sprengte eine Explosion nur die Backsteine aus den Fächern, die Betonpfeiler und die Decken hielten. Teils werden die Gebäude heute privat oder von Firmen als Hallen genutzt, teils stehen sie leer. Die Stiftung Geschichtshaus Bomlitz hat sich der Aufarbeitung dieser Epoche angenommen und bietet Führungen durch das Gelände an. Im alten Wasserwerk soll zukünftig eine Ausstellung entstehen, auch soll ein Informationspfad dafür sorgen, dass Besucher sich das Gelände und seine Vergangenheit alleine erschließen können.

Wer das Gelände auf eigene Faust erkunden möchte, sollte seinen Spaziergang hinter dem Sportplatz in Benefeld starten. Dort erreichen Wanderer schnell das alte Wasserwerk und finden einen schönen Ausblick hinunter zur Warnau vor.

Sportplatz Benefeld
Freudenthalstraße
29 699 Bomlitz

[4] Letzte Ruhe zwischen Heide und Wacholder
Lönsgrab, Bad Fallingbostel

Gedenksteine für Hermann Löns finden Besucher in zahlreichen Heideflächen der Region, im Tietlinger Wacholderhain bei Bad Fallingbostel jedoch ist der berühmte Heidedichter beigesetzt. Ein schlichter Stein mit der Inschrift „Hier ruht Hermann Löns" erinnert an den Journalisten, dem die norddeutsche Landschaft so viel bedeutete, dass er sie in seinen Texten und Gedichten auf vielfältige Art und Weise beschrieb. Löns starb 1914 in Frankreich, nachdem er sich 48-jährig als Kriegsfreiwilliger gemeldet hatte. Erst 1935 fanden seine sterblichen Überreste oder das, was man dafür hielt, bei Bad Fallingbostel die letzte Ruhe. Die hakenkreuzähnliche Wolfsangel auf dem Grabstein ruft zwiespältige Gefühle hervor. Löns nutzte das Zeichen häufiger. Ursprünglich ein Gerät zum Fang von Wölfen und auch heute noch als Symbol für Wegemarkierungen eingesetzt, wurde es teilweise auch von Rechtsextremen benutzt. Ein kleiner Rundgang im einsam gelegenen, 14 Hektar großen Tietlinger Wacholderhain lohnt sich: Schafe halten das Heidekraut kurz, in der Abendsonne liegt die hügelige, mit Wacholder, Kiefern und Birken durchsetzte Landschaft friedlich da. Der Spaziergänger ist meist allein. Einige Schritte entfernt vom Grabstein findet er ein monumentaleres Denkmal – eine Erinnerung, die der ehemalige Besitzer des Hains, Wilhelm Asche, dem Heidedichter gesetzt hat.

Tietlinger Wacholderhain
Zwischen Honerdingen und Uetzingen

[5] Gleich drei Dinge auf einmal
Lieth, Bad Fallingbostel

Die Lieth, wie der Bad Fallingbosteler Stadtwald genannt wird, bietet gleich drei Dinge auf einmal: Ein dichtes Dach aus den Blättern hoher Buchen sorgt im Liethwald für kühlen Schatten an heißen Tagen, der Sprung ins Becken des solarbeheizten Lieth-Freibades macht Spaß, und ein Besuch des Hofes der Heidmark würzt einen Tag in Bad Fallingbostel mit einer Prise Kultur und Heimatgeschichte.

Wer den Weg zum Freibad mit der breiten Rutsche, den 50-Meter-Bahnen und der idyllischen Lage hinuntergeht, passiert den Hof der Heidmark. Es handelt sich um ein Fachwerkgebäude aus dem Jahre 1642 mit alten Treppenspeichern. Das Haupthaus ist ein reetgedecktes Hallenhaus, errichtet in der typischen Bauweise, in der Wohnraum, Stall und Erntelager unter einem Dach zusammengefasst sind. Im Hof der Heidmark befindet sich eine Gedenkstätte für die Dörfer, die zerstört wurden, als Mitte der 1930er Jahre der Truppenübungsplatz Bergen eingerichtet wurde, und ebenso für die Menschen, die damals ihre angestammte Heimat verlassen mussten. Der Hof selbst wurde seinerzeit umgesetzt.

Die Lieth ist erstaunlich hügelig – das spürt jeder in den Beinen, der wieder den Weg zur Soltauer Straße erklimmt, nachdem er im Freibad seine Bahnen gezogen hat. Es gibt nicht weit entfernt steile Abhänge bis zu 40 Metern Tiefe, wo das Heideflüsschen Böhme zwischen den Bäumen hindurchschimmert. Wer hier am Band der Böhme Richtung Vierde entlang wandert, trifft auf ein Denkmal für die Brüder Friedrich (1849-1929) und August (1851-1898) Freudenthal. Insbesondere August Freudenthal machte die Region Lüneburger Heide in seinem mehrbändigen Hauptwerk „Heidefahrten" bekannt. Geblieben ist in Erinnerung an die beiden Brüder auch die Freudenthal-Gesellschaft mit Sitz in Soltau, die gegründet wurde, um die Werke der Dichter zu pflegen und die plattdeutsche Sprache und Literatur zu erhalten.

Hof der Heidmark
Im Liethwald an der Soltauer Straße
29 683 Bad Fallingbostel

Heidjer-Tipp!
[6] „Seid gegrüßt" in der Mittelalter-Schänke
Zauberkessel, Walsrode

Christine Rothardt, Wietzendorf:

„Die Menschen, die den Zauberkessel führen, leben selbst vegan. Ich gehe dort gerne essen, weil ich weiß, dass hinter dem Angebot und dem ungewöhnlichen Ambiente Überzeugung steht. Man muss kein Vegetarier sein, um sich dort wohl zu fühlen."

Veganes Essen und mittelalterliches Flair – passt das zusammen? Die Inhaber des Zauberkessels sagen Ja: Das Volk hätte im Mittelalter kaum Fleisch auf dem Teller gehabt, und die verschwenderischen Tafeln und schlechten Tischmanieren gehörten eher in Hollywood-Filme als in das Mittelalter. Die Kombination aus der Mittelalter-Schänke und dem ungewöhnlichen Essen, das frei von Tierprodukten ist, machen den Besuch des Restaurants in Walsrode zu einem besonderen Erlebnis.

Die Inhaber Nicoletta Kracke und Roland Tietsch haben Geld, Herzblut und Arbeitskraft in die 2009 eröffnete Schänke gesteckt. Entstanden ist ein Gewölbekeller, warm beleuchtet durch viele Kerzen, Öllampen und offenes Kaminfeuer und mit einigen romantischen Nischen. Insgesamt aber

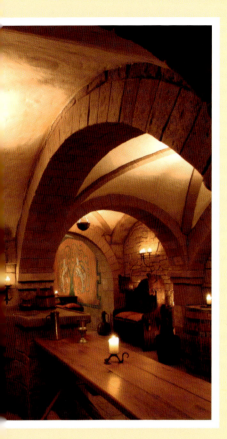

tafeln die Gäste meist an langen breiten Tischen und kommen so auch miteinander ins Gespräch. Alles wurde mit Liebe zum Detail von Roland Tietsch entworfen, gebaut und umgesetzt. Vom kleinen Löffel bis zu den von Tietsch selbst gemalten Wandbebilderungen, von den äußerst interessanten Sanitäranlagen bis zur Live-Musik mit Harfe, Dudelsack und Drehleier ist alles auf den Mittelalterstil abgestimmt. Dazu gehört auch, dass die Schankweiber und der Schankwirt mittelalterliche Gewänder tragen, Getränke in Tonkrügen servieren und die Gäste höflich in der dritten Person ansprechen. „Seid gegrüßt" und „Gehabt Euch wohl" heißt es auch im angeschlossenen Mittelalter-Laden Manigfalta Medieval, der immer zeitgleich mit der Schänke geöffnet hat, und in dem es Gewänder, Schwerter, Räucherwerk und vieles mehr zu kaufen gibt.

Nicoletta Kracke und Roland Tietsch ernähren sich vegan und leben so vor, was sie mit ihrem Restaurant vermitteln möchten. Beide wollen im Zauberkessel zeigen, dass die Speisekarte genauso abwechslungsreich und schmackhaft sein kann wie in anderen Restaurants. Die meisten ihrer Gäste leben nicht vegan, sondern sind neugierig auf das urige Ambiente und die ungewöhnliche Speisekarte – und kommen in der Regel gerne ein zweites und drittes Mal wieder. Der Zauberkessel ist ein besonderes Erlebnis auf dem Jakobusweg durch die Lüneburger Heide.

Zauberkessel und Manigfalta Medieval
Bergstraße 12
29664 Walsrode
T 05161 / 60 97 57
www.zauberkessel-walsrode.de

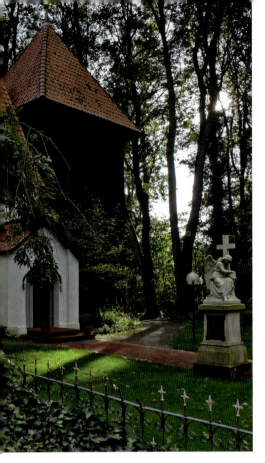

[7] Engel im Ruhestand
St.-Georg-Kirche, Meinerdingen

Die St.-Georg-Kirche zu Meinerdingen kommt bescheiden und liebenswert daher. Etwas versteckt gelegen, ist der hölzerne Kirchturm auffällig, der mit dem weiß verputzten Kirchengebäude verbunden ist. Die kleine Kirche ist ein Geschenk – und in diesem Fall nicht das Geschenk Gottes, sondern das eines Edelherren an das Kloster Walsrode als Dank dafür, dass eine seiner Töchter in das Kloster aufgenommen wurde. Das geschah im Jahre 1269.

Genauso bescheiden, ja fast ein wenig urig, präsentiert sich das Innere der Kirche: Die niedrige Empore, der Altar, die Bänke sind in Grün gehalten, eine knarrende, enge Holztreppe führt hinauf zur Empore. Dort „fliegt" ein barocker Taufengel über die Köpfe der Gemeinde. Im Gegensatz zum Taufengel der Düshorner Kirche St. Johannes der Täufer, die ebenfalls zum Kirchenkreis Walsrode gehört, ist dieser Taufengel jedoch schon im Ruhestand.

Die Gemeinde ist eng mit ihrer Kirche verbunden – wie anders wäre sonst zu erklären, dass Ehrenamtliche über das Jahr hinweg ein Kirch-Café neben dem Gotteshaus organisieren? Dort gibt es selbstgebackenen Kuchen, Kaffeespezialitäten und vieles mehr. Das Café ist antik eingerichtet. Ein Biergarten heißt Gäste darüber hinaus an lauen Sommerabenden willkommen.

St.-Georg-Kirche
Dorfallee 15
29664 Walsrode/Meinerdingen
T 05161 / 87 90 (Pfarramt)

[8] Energie durch die Kraft der Ginseng-Wurzel
FloraFarm, Bockhorn

Knorrige helle Wurzeln, deren Gestalt oftmals menschlich anmutet, sind das Gesunde an einer Pflanze, die eigentlich nicht in der Lüneburger Heide zu vermuten ist: Ginseng. Der koreanische Ginseng wird auf dem Helkenhof in Bockhorn seit rund 30 Jahren angebaut und als Kosmetik oder Arzneimittel vermarktet. Landwirt Heinrich Wischmann war bis in die 1980er Jahre hinein auf seiner historischen Hofstätte ein Heidebauer wie viele andere auch. Dann aber sah er mit dem Produkt aus Asien eine neue Chance. Heute locken neben den Besonderheiten des weitläufigen Anwesens von 1438 die Ginseng-Gärten sowie ein Ginseng-Café und ein Shop viele Besucher an. Mehr noch: Da Ginseng-Felder nach der Ernte eine Generation lang nicht noch einmal für den Anbau der asiatischen Wurzeln genutzt werden können, haben die Wischmanns ehemalige Felder zu einem Naturgolfplatz nach schottischem Vorbild umgestaltet.

Ginseng ist anerkannt als allgemeines Stärkungsmittel und Energiequelle bei besonderen Belastungen. Auch soll er vorbeugend bei typischen Alterungsprozessen wirken. Ginseng – übrigens ein Staudengewächs – schmeckt erdig und bitter, kann aber mit Honig verfeinert werden und wird ohnehin meist in Kapselform angeboten. Die erste Ernte der Ginseng-Wurzel kann frühestens nach sechs Jahren erfolgen, will man einen hohen Wirkstoffgehalt erreichen. Die Pflanze entwickelt im Sommer leuchtend rote Beeren.

Ein spezielles Blumenbeet auf der FloraFarm ist der 2010 im Alter von 91 Jahren verstorbenen Loki Schmidt gewidmet, Frau des ehemaligen Bundeskanzlers Helmut Schmidt. Die Naturschützerin schwor jahrzehntelang auf die Stärkung durch Ginseng und hatte darum auch die FloraFarm und deren Heilwurzeln für sich entdeckt.

FloraFarm Ginseng
Bockhorn 1
29664 Walsrode
T 05162/13 93
www.florafarm.de

[9] Jukeboxen aus dem 19. Jahrhundert
Harrys klingendes Museum

Historische „Plattenspieler", die klanglich alles in den Schatten stellen, was die moderne Technik heutzutage bietet, finden sich in Harrys klingendem Museum. Der Sammler Harry Natuschka hat Teile seines Hauses zu einer Ausstellung mit Musikautomaten umfunktioniert – die mechanischen Geräte stammen etwa aus der Zeit zwischen 1750 und 1910. Zu den Exponaten zählen neben Drehorgeln, Tischklavieren, Puppen-Musikautomaten oder kleinen klingenden Kostbarkeiten wie die Singvogel-Tabatiere besonders die Notenscheibeninstrumente.

Die kreisrunden Metallscheiben – große präparierte Lochplatten – werden durch Stimmzungen zum Klingen gebracht. Es sind klare, saubere Töne, die den ganzen Raum erfüllen – und so fragt man sich, warum jemals Grammofone oder Stereoanlagen erfunden wurden. Der Nachteil der antiken Scheiben liegt aber auf der Hand: Pro Platte gibt es nur ein Lied. Als Jukeboxen des 19. Jahrhunderts kamen die Notenscheibeninstrumente oft in Gaststätten zum Einsatz. Harry Natuschka lässt Besucher gern an dem außergewöhnlichen Klangerlebnis teilhaben, und es gibt wohl keine Frage, die der gelernte Grafik-Designer nicht beantworten kann.

Harrys klingendes Museum
Neustädter Straße 25
29690 Schwarmstedt
T 05071 / 912941

[10] Gästebuch sogar für Hunde
Antiquitäten-Café

Wo andere Gastronomen die Augenbrauen hochziehen, heißt Heidrun Hubert-Rummel herzlich willkommen: Ausdrücklich sind Hunde in ihrem Café erlaubt – es gibt sogar ein Gästebuch speziell für die Vierbeiner. Zu ihr ins Antiquitäten-Café kommen jedoch beileibe nicht nur Hundebesitzer, denn sie hat vieles zu bieten: leckeren, selbstgemachten Kuchen, Räumlichkeiten randvoll mit Antiquitäten, ein abwechslungsreiches kulturelles Programm und viel Herzlichkeit. Hinzu kommen ein traumhafter Blick über die Leine, der im Sommer von Tischen vor dem Haus zu genießen ist, und die hübsche Fachwerkoptik des Hauses selbst.

Die Antiquitäten – Möbel, Schmuck, Glas, Porzellan und vieles mehr – sind allesamt käuflich zu erwerben. Jeder Zentimeter in Regal und Vitrine, an den Wänden und auf dem Fenstersims ist ausgenutzt, die Auswahl ist riesig. Manchmal räumt die Inhaberin für Ausstellungen einen ganzen Raum leer, was bei all den kleinen Exponaten richtig Arbeit bedeutet. Wenn das Kulturprogramm eine Lesung oder Musik vorsieht, ist dies gottlob nicht nötig.

Antiquitäten-Café
Heidrun Hubert-Rummel
Am Hohen Ufer 1
29690 Schwarmstedt
T 05071 / 27 37
www.antiquitaeten-cafe.de

[11] **Bloß nicht stehen bleiben!**
Siebensteinhäuser
bei Ostenholz

„Achtung Lebensgefahr!" steht im Fettdruck auf dem Zettel, den Besucher der Siebensteinhäuser an einer Schranke von einem Uniformierten in Empfang nehmen. Ist wirklich todesmutig, wer hier weiterfährt? Fest steht: Der Weg zu den Großsteingräbern führt quer über den Truppenübungsplatz Bergen, nur an den Wochenenden ist er geöffnet. Die Bundeswehr warnt auf dem Zettel vor gefährlichen Blind-

gängern und Querverkehr von gepanzerten Fahrzeugen. Wer jedoch auf der Straße bleibe, sei auf der sicheren Seite.

Mit diesem beruhigenden Satz im Kopf siegt die Neugier über die Besorgnis. Heile am Ziel angekommen sind mehr als fünf Steinhäuser jedoch nicht zu finden. Fehlen etwa zwei? Nein. Die Sieben bei den Siebensteinhäusern ist mehr zu verstehen wie die Siebensachen, die man zusammensucht.

Die fünf Kulturdenkmäler gehören zu den bekanntesten Großsteingräbern in Deutschland. 1720 wurden sie erstmals erwähnt. Es handelt sich um Beinhäuser, die die ersten sesshaften Bauern der Region im dritten Jahrtausend vor Christus für ihre Toten errichteten. Sie sind nach Nordosten ausgerichtet. Dass die Gräber die Zeit überdauerten, ist auch auf eine durchdachte Bautechnik zurückzuführen. Der Boden der Kammern wurde durch einen Granitguss und mit Sand trockengelegt. Die Fugen zwischen den großen Steinen hielten einst ein Trockenmauerwerk, das heute jedoch nur noch stellenweise sichtbar ist. Wie die Menschen der Jungsteinzeit die riesigen Findlinge transportiert haben, darüber können die Besucher nachsinnen, wenn sie in einem kleinen Wäldchen von einer Formation zur nächsten wandern. Übrigens: Besonders atmosphärisch ist es hier nach einem Regenschauer, wenn die Luft noch feucht ist und die Bäume nass riechen.

Siebensteinhäuser
Anfahrt über Ostenholz

[12] Naturparadies in der Stadt
Breidings Garten, Soltau

Breidings Garten ist ein teils wildverwunschenes Naturparadies am Rande der Innenstadt. Das liegt daran, dass sich jahrelang niemand um das Zehn-Hektar-Areal im Privatbesitz der Industriellenfamilie Röders kümmerte. Eisvögel und zahlreiche Fledermausarten jagten hier ungestört nach Nahrung, rund 100 Jahre alte Bäume wuchsen wie sie wollten, Rhododendren entwickelten sich zu riesigen Blütenwänden. Das Areal soll möglichst weiterhin so wertvoll für die Tiere bleiben, auch, wenn der Garten seit einigen Jahren nach und nach wieder in den englischen Landschaftspark zurückverwandelt wird, der er vor 150 Jahren einmal war. Um das denkmalgeschützte Kleinod zu erhalten, hat sich 2007 ein Verein gegründet. Zunächst wurden zentrale Wege freigeschnitten und Bäume so gestutzt und gesichert, dass herabfal-

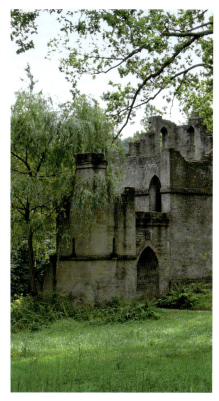

lende Äste keine Gefahr mehr für die Menschen darstellten. Seit 2010 können Besucher sich das Gelände erschließen, das bis dahin hinter Zäunen im Dornröschenschlaf lag. Breidings Garten wird sich mit den Jahren verändern: Teile der Rhododendren werden zugunsten ursprünglicher Sichtachsen zurückgeschnitten, das ganze Gelände wird einen aufgeräumteren Charakter bekommen. Wie sich die vielfältige Tierwelt darauf einstellt, wird die Zeit zeigen. Für Einheimische und Besucher ist das Areal mit seinen Teichanlagen, dem Flüsschen Böhme, der alten Villa und der künstlichen Ruine, der Lindenallee und dem hohen Bestand an alten stattlichen Bäumen schon jetzt ein Erholungsgebiet.

Breidings Garten
Breidingsgarten
29 614 Soltau
www.breidings-garten.de

[13] Mal wieder Kind sein
Spielmuseum Soltau

An Soltaus wichtigster Kreuzung ist das Spielmuseum prominent gegenüber dem alten Rathaus platziert. Das denkmalgeschützte Haus leuchtet grün, die Fassaden sind im sogenannten Soltauer Fachwerk gestaltet, also mit bemalten Holztafeln verkleidet. An der Giebelseite grüßt ein überdimensionaler Hampelmann und weist auf den besonderen Inhalt des Gebäudes hin. Spielzeuge im Wert von mehr als 4 Millionen Euro werden darin auf drei Etagen präsentiert. Kaum zu glauben, dass alles einmal mit ein paar Puppen vom Flohmarkt angefangen hat.

Es war die Soltauerin Hannelore Ernst, die aus Liebe zu historischen Puppen vor rund 40 Jahren eine kleine Sammlung aufbaute, aus der das heute von der gemeinnützigen Stiftung Spiel getragene Museum mit etlichen tausend Exponaten aus vier Jahrhunderten erwuchs. Das ältestes Stück – ein Verwandlungsspiel – stammt aus dem Jahr 1647. Darüber hinaus gibt es für jeden etwas: Ganze Ensembles von Steiffpuppen, Zirkustiere, Teddys, Miniaturkaufläden, Holz- und Blechspielzeuge, aber auch eine Armee aus Papiersoldaten oder – das darf natürlich nicht fehlen – die elektrische Eisenbahn. Geschicklichkeitsspiele zum Mitmachen, Masken zum Aufsetzen, eine Schulbank, die jeder noch einmal drücken kann: Erwachsene und Kinder kommen gleichermaßen auf ihre Kosten. Ein vielfältiges Ausstellungs- und Veranstaltungsprogramm sorgt zusätzlich für Abwechslung.

Star des Museums ist Dingley Hall, ein Puppenhaus von 1875, mit dem die beiden Söhne einer britischen Bankiersfamilie spielten. Das Miniaturanwesen misst zwei mal drei Meter, verfügt über 15 Räume und mehr als 1.000 Teile. Das Museum präsentiert dieses wohl bedeutendste Puppenhaus des 19. Jahrhunderts mit nach vorn versetzter Fassade. So können Besucher sich die Zimmer mit ihren vielen Einrichtungsgegenständen ganz aus der Nähe ansehen, erhalten aber auch einen Eindruck davon, wie das Haus von außen aussieht.

Spielmuseum Soltau
Poststraße 7
20614 Soltau
T 05191/82182
www.spielmuseum-soltau.de

[14] Ein Bauwagen voller Unterhaltung
Spielraum Soltau

Die Spielbox ist nur ein Element von vielen, die die Innenstadt Soltaus zu einem Spiel-Erlebnisraum werden lässt. Es handelt sich dabei um einen aufgemöbelten Bauwagen voll mit so manchem, was ein Kinderherz glücklich machen kann: viele Spielgeräte und kleine Fahrzeuge wie Einräder und Pedalos. Mitarbeiter der Heidewerkstätten Minerva begleiten den Betrieb der Spielbox, sind Ansprechpartner und kümmern sich um den Verleih der Spielgeräte. „Shoppen gehen" in Soltau ist damit für Erwachsene und Kinder gleichermaßen kurzweilig.

Wer den Kreiselsymbolen auf dem Boden folgt, entdeckt nicht nur ganz nebenbei die Soltauer Innenstadt mit ihrer hübschen Fußgängerzone, sondern auch ein Spielobjekt nach dem anderen. Mal ist es eine Drehscheibe, mal ein Zerrspiegel, mal ein Lamellenbild, das sich im Vorbeigehen verändert. In der Burg nahe der Fußgängerzone hockt Till Eulenspiegel zwischen den Häusern auf einem Drahtseil. Im Durchgang zum Hagen können Kinder über 20 Meter Entfernung durch ein Regenrohr telefonieren. Diese Fülle kleiner Überraschungen kommt nicht von ungefähr. Die Stadt Soltau entwickelt ihr Leitbild

„Spielraum Soltau" seit Jahren weiter und will damit eine offene, positive Atmosphäre für Einheimische und Gäste schaffen. Dazu gehören auch die saisonalen Stadtführungen: Verkleidet als Spielfiguren bringen Gästeführerinnen Interessierten sonnabends die Historie der Böhmestadt näher.

Spielraum Soltau
Innenstadt (Marktstraße)
29 614 Soltau
www.soltau.de

[15] Salz für Körper und Kochtopf
Soltau-Therme

Welch Aufruhr in Soltau, als die Therme gebaut wurde: Das Solebad bedeutete eine erhebliche Investition für die Stadt Soltau und wurde auch noch wesentlich teurer als geplant. Der Skandal hielt die Lokalpolitiker seinerzeit monatelang in Atem, doch das alles ist Schnee von gestern: 1990 wurde das Bad, das sich mit original Soltauer Sole speist, eröffnet. Heute ist es ein wesentlicher Besuchermagnet der Böhmestadt, und auch zahlreiche Einheimische nutzen regelmäßig die vielfältigen Angebote von Hallenbad, Solebecken, Sauna und vielem mehr. Die Stadt weiß, wie wichtig die Therme für ihre Attraktivität ist, und die Stadtwerke investieren regelmäßig in die Modernisierung der Anlagen.

Ansprechend ist auch die Lage der Soltau-Therme: Sie ist auf einer Anhöhe gebaut, befindet sich in unmittelbarer Nähe zu den gepflegten Anlagen des Böhmeparks auf der einen und zum Schatten und Erholung spendenden Böhmewald auf der anderen Seite.

Die Quelle für das salzhaltige Wasser – denn genau das ist Sole – liegt direkt unter den Thermen-Gebäuden. Es wird aus einer Tiefe von rund 200 Metern gefördert. Während der Salzanteil in der geförderten Sole

noch etwa 30 Prozent beträgt, ist er im Wasser der Therme auf maximal 3,5 Prozent reduziert.

Sole gilt als reinigend und heilend und wirkt sich bei einer Reihe von Krankheiten positiv auf den Körper aus. Das gilt bei verschiedenen Hautkrankheiten wie Schuppenflechte oder Neurodermitis, die Sole kann aber auch bei rheumatischen Beschwerden oder bei Problemen mit den Bronchien lindernd wirken.

Soltauer Salz können Interessierte auch kaufen, seit es den Soltauer Salzsiedeverein gibt. Die aktiven Salzsieder nutzen dabei die traditionelle, jahrhundertealte Art der Salzherstellung, das Pfannensiedeverfahren. Die Tiefensole wird dabei in großen Pfannen über offenem Feuer gesiedet – das Salz kristallisiert aus, wird getrocknet und verpackt. Es hat eine gröbere Struktur als Industriesalz, und der Siedeverein verspricht, dass die wertvollen Mineralien und Spurenelemente bei dieser schonenden Herstellungstechnik erhalten bleiben.

Soltau-Therme
Mühlenweg 17
29614 Soltau
T 05191/84481
www.soltau-therme.de

[16] Tausende Beine auf dem Weg nach Hause
Schäferhof Neuenkirchen

Vielleicht ist das Erlebnis am schönsten, wenn man ganz unverhofft bei einem Heide-Spaziergang auf eine Schnuckenherde trifft. Wer aber nichts dem Zufall überlassen will, kann beim abendlichen Schnuckeneintrieb dabei sein – zum Beispiel im Neuenkirchener Schäferhof. Gegen 17.30 Uhr kehrt der Schäfer mit seinen hunderten Heidschnucken zum Stall zurück. Das Schauspiel ist besonders für Kinder toll, zumal die Schnucken mit Eichenlaub an dünnen Ästen gefüttert werden dürfen, bevor sie auf ihren rund 3.000 schwarzen Beinchen in den Stall traben.

Heidschnucken sind zu erkennen an ihrem langen grauen Fell sowie den schwarzen Beinen und Gesichtern. Sie tragen Hörner, die bei älteren männlichen Tieren schneckenförmig gerollt sind. Heidschnucken helfen, das Heidekraut kurz

zu halten. Kein anderes Schaf mag die holzigen Stängel der Heide. Außerdem zerreißen sie beim Durchstreifen der Landschaft zahlreiche Spinnweben, die sonst tödliche Fallen für Bienen wären – und ohne Bienen gäbe es schließlich keinen Heidehonig.

Auffällig an der Anlage des Schäferhofs ist der Zaun. Er besteht aus dreieckigen, gegeneinander gestellten, stattlichen Holzscheiten und imitiert die historische Bauweise alter Heidezäune. Die Einfriedungen wurden aus gespaltenem Eichenholz errichtet. Vom Schäferhof aus sind erholsame Spaziergänge durch bizarre Moor- und idyllische Heidelandschaften empfehlenswert.

Schafstall
Falshorner Straße 71
29643 Neuenkirchen
T 05195/1067 (Verein Schäferhof)
www.schaeferhof-neuenkirchen.de

[17] Der Himmel auf Erden
Kunst in der Landschaft, Neuenkirchen

Der Kunstverein Springhornhof in Neuenkirchen macht es möglich und holt den Himmel auf die Erde. Das geschieht mit dem Objekt „Himmel und Erde" des Künstlers Valerij Bugrov, das von Einheimischen nur „Der Spiegel" genannt wird. Die große runde, begehbare Spiegelfläche reiht sich ein in etwa 30 Außenarbeiten internationaler Künstler, die als Projekt „Kunst - Landschaft" in und um Neuenkirchen zu finden sind. Dort lassen sich bizarre Konstruktionen wie ein umgedrehter Baumstamm entdecken – oder eine schneeweiße Treppe, die über einen Graben führt, ohne dass klar ist, wohin die Reise gehen soll. Die Beschilderung zwischen den einzelnen Werken ist eindeutig, sie geht „immer der Nase nach" oder „hin und zurück". Den Angaben kann man getrost vertrauen, sie führen einen sicher von einem Objekt zum nächsten.

Am besten ist der rund 20 Kilometer lange Rundweg mit dem Fahrrad zu bewältigen und startet idealerweise am Kunstverein Springhornhof. Die Strecke entlang der Kunstobjekte führt durch kleine Heidedörfer, vorbei an verspielten Häusern und schöner Natur. Als Klammer aller Werke können die Wortskulpturen von Rupprecht Matthies gedeutet werden. Am Ortseingang begrüßt der Schriftzug „ankommen" die Reisenden, am Ortsausgang leuchtet weithin sichtbar der Schriftzug „bleiben" vor einer kleinen Waldkulisse.

Kunstverein und Stiftung Springhornhof
Tiefe Straße 4
29643 Neuenkirchen
T 05195/93 39 63
www.springhornhof.de

[18] Sechs Einwohner und 100 Pferde
Rutenmühle, Neuenkirchen

Das kleine Örtchen Rutenmühle in der Nähe von Neuenkirchen hat nur sechs Einwohner, dafür aber umso mehr Pferde. Der Isländerhof Rutenmühle, der dort auf einer denkmalgeschützten Mühlenhofanlage untergebracht ist, ist einer der ältesten Islandpferdehöfe in Deutschland. Er züchtet und verkauft die flotten Robustpferde mit ihren Spezialgangarten und der langen dicken Mähne, bietet aber auch Reiterurlaub und Reitunterricht an. Rund 100 Isländer sind in Rutenmühle zu Hause. Wer auf einer Radtour in der Gegend ist, sollte Rutenmühle ansteuern und auf der Brücke über dem glasklaren Hahnenbach einen Moment verweilen, um die Stille und Beschaulichkeit des Ortes auf sich wirken zu lassen. Durchreisende werden mit großer Wahrscheinlichkeit einige Islandpferde auf den Weiden grasen sehen und können an den Fischteichen und Wasserläufen auf Eisvögel hoffen. Rutenmühle liegt außerdem an der Route „Kunst – Landschaft" des Kunstvereins Springhornhof Neuenkirchen. Hier geht es auf kleinen Straße und an hübschen Häusern vorbei immer „der Nase nach" von einem Kunstwerk zum andern.

www.rutenmuehle.com

[19] Da steckt viel Herzblut drin
Sprengeler Mühle

Fast ist es ungehörig, eine einzelne Mühle herauszuheben und zum Lieblingsort zu erklären. So soll denn die Sprengeler Mühle auch stellvertretend stehen für mehr als 100 Wind- und Wassermühlen, die es in der Lüneburger Heide gibt. Wie in Sprengel gibt es allerorten Menschen, denen gerade ihre Mühle sehr am Herzen liegt und die Vereine gegründet haben, um die imposanten Gebäude auf Vordermann zu bringen und sie mit Leben zu füllen. In Sprengel waren es die Gemeinde Neuenkirchen und der Mühlenverein, die in den 1990er Jahren für die grundlegende Sanierung gesorgt haben. Ihnen ist es zu verdanken, dass die Mühle wieder Flügel hat und das Gebäude instand gehalten wird. Mehr noch: Das ganze Gelände wurde aufgewertet, so dass jetzt auch ein Abenteuer-Spielplatz für Kinder dort zu finden ist.

Die Galerieholländermühle von 1877 ist massiv gemauert und weiß verputzt. Als sie noch in Betrieb war, wurde das Mahlgut über einen Aufzug hoch zur Galerie gebracht. Früher gab es drei Mahlgänge, heute ist noch einer funktionstüchtig. Er wird bei besonderen Veranstaltungen an der Mühle zum Schaumahlen angeworfen.

Eine Besonderheit unterscheidet die Sprengeler Mühle dann aber doch von den anderen: Seit 2007 befindet sich in ihr eine Anlage zur Stromerzeugung, die die historische Technik mit einbindet. Das ist zumindest bundesweit einmalig.

Nicht jede der vielen Mühlen in der Lüneburger Heide hatte so viel Glück, erhalten und restauriert zu werden. In Lüllau im Landkreis Harburg zum Beispiel ist zwar die Technik der dortigen Wassermühle auf dem Brookhoff komplett erhalten, das Wasserrad jedoch zerbrochen. Ein Künstler hat sich im Gebäude sein Atelier eingerichtet. Wer vorbeikommt, ist gern gesehen: Hofbesitzer Achim Peters ist ein geselliger Typ, der mit gastronomischen Angeboten und zahlreichen Veranstaltungen für Leben auf der Hofstätte mit Teich, Laden, Biergarten und Tieren sorgt.

Sprengeler Mühle
An der Windmühle
29643 Neuenkirchen-Sprengel
T 05195 / 51 39
(Heidetouristik Neuenkirchen)

Wassermühle Lüllau
Lüllauer Dorfstraße 25
21266 Jesteburg-Lüllau
T 04183 / 22 41
www.brookhoff.de

[20] Milchprodukte ohne Schnörkel
Käseschmiede, Lünzen

Der Molkereimeister Andreas Wesseloh hat einen Grundsatz: Die Liste für die Zutaten zu seinen Käseprodukten soll möglichst kurz sein – damit auch nur drin ist, was wirklich hineingehört. 2004 hat er sich für seine eigene kleine Privatmolkerei entschieden, Geld in die Hand genommen – und es geschafft. Das Motto „klein, aber fein" ist Programm: Wesselohs Mitarbeiter arbeiten in Räumen, die durch den Laden einsehbar sind. Im Laden selbst gibt es in wechselndem Angebot Schnittkäse in insgesamt rund 20 Sorten – sein Bockshornklee-Käse ist dabei schon längst kein Geheimtipp mehr. Weitere Spezialitäten aus der handwerklichen Produktion von Käse, Quark, Sahne und sogar Eis warten auf die Besucher, und die Milch dafür kommt von einem Bauern aus dem Dorf.

Grund für den Schritt zur eigenen Molkerei war die Feststellung Wesselohs, dass die immer größer werdenden Molkereien nicht mehr in der Lage seien, spezielle und hochwertige Produkte herzustellen. Gleichzeitig stellte er aber auch fest, dass genau diese Produkte zunehmend von gut informierten Verbrauchern nachgefragt wurden.

Für Gruppen hat sich Andreas Wesseloh ein besonderes Angebot ausgedacht: Wer auf der Durchreise ist, kann ein Lunchpaket mit einer rustikalen Brotzeit vorbestellen und dann in der Käseschmiede abholen. Wer will, kann die Brotzeit auch in der Käsekate vor Ort einnehmen. Möglich ist weiterhin, dazu im Rahmen eines Vortrages mehr über die Herstellung von Käse zu erfahren.

Molkerei Lünzener Käseschmiede
Alte Landstraße 11a
29640 Schneverdingen-Lünzen
T 05193 / 97 24 59
www.kaeseschmiede.de

[21] Krönungskulisse
Höpen mit Heidegarten, Schneverdingen

Der Schneverdinger Höpen bildet alljährlich die stimmungsvolle Kulisse, wenn Schneverdingen seine Monarchin krönt: Auf der Freilichtbühne in dem stadtnahen Heidegebiet überreicht die amtierende Heidekönigin unter den Augen zehntausender Zuschauer immer am letzten Wochenende im August die Krone an ihre Nachfolgerin. Der Höpenberg ist die höchste Erhebung Schneverdingens. Mit 119 Metern fehlen aber immer noch 50 Meter, um an die höchste Erhebung der Lüneburger Heide, den Wilseder Berg, heranzureichen. Gleichwohl, das Gelände ist leicht hügelig und bietet hübsche Aussichtspunkte über eine dichte Heidefläche.

Wenn nicht gerade die Heidekönigin in ihr neues Amt eingeführt wird, ist der Heidegarten Hauptanziehungspunkt im Höpen. Er wurde mit mehr als 130 Heidesorten bepflanzt und symmetrisch angelegt. 120.000 Pflanzen sind vertreten – und so ausgewählt, dass auf einem der Beete das ganze Jahr über immer etwas blüht.

Schneverdinger Höpen
An der L 171 Richtung Wintermoor
Heidegarten im Höpen
Ecke Schaftrift/Overbeckstraße

[22] Altar aus Büchern voller Erde
Eine-Welt-Kirche

Die Eine-Welt-Kirche ist fürwahr ungewöhnlich. Das gilt sowohl für den Bau an sich – aus Holz in Brettstapelbauweise – als auch für den Altar. Er besteht aus Büchern, die mit Erdproben aus der ganzen Welt gefüllt sind. Die Künstlerin Marianne Greve aus Hamburg hat den Eine-Erde-Altar entworfen. Erde gilt in ihrem Werk als ein konfessionsübergreifender Wert, ein Symbol dafür, dass es auf der Basis von ein und derselben Erde eine enorme Vielfalt auf der Welt gibt. Die Erdproben sind in Büchern aus Plexiglas eingebunden und stehen in einem Regalsystem, das den Altar bildet. Jedes Buch, jede Erde ist dokumentiert und kann auf der Internetseite des Altars der Herkunft zugeordnet werden.

Das Holz für die Kirche, die im Jahr 1999 als EXPO-Projekt fertig gestellt wurde und nun das Gotteshaus der evangelisch-lutherischen Markusgemeinde in Schneverdingen ist, stammt aus einheimischen Wäldern. Alles an dem Gebäude symbolisiert Offenheit. Das beginnt ganz oben am Glockenturm, der nicht geschlossen ist, sondern einen freien Blick auf die Glocke zulässt. Es geht weiter bei den vielen Glaselementen und endet bei einem Weg, der mitten durch die Kirche hindurch führt. Der Weg existierte schon vor der Kirche und diente als Schul- und Spazierweg für die Bevölkerung. Das ist auch heute noch der Fall. Kann die Verknüpfung von Kirche und weltlichem Leben besser symbolisiert werden?

Eine-Welt-Kirche
Ernst-Dax-Straße 8
29640 Schneverdingen
T 05193/4130
www.eine-welt-kirche.de
www.eine-erde-altar.de

[23] Wo die blauen Frösche wohnen
Pietzmoor, Schneverdingen

Bei der Recherche für dieses Buch wurde das Pietzmoor bei Schneverdingen am häufigsten von den befragten Einheimischen als Lieblingsort genannt. Jeder hatte indes eine andere Empfehlung: Früh morgens sollte man sich auf den Weg machen, wenn das Moor in seiner ganzen Einsamkeit daliegt. Oder unbedingt im späten Frühling kommen, wenn das Wollgras die tiefdunklen Wasserflächen in ein Meer aus weißen Blüten taucht. Oder gar in der Dämmerung, wenn es nur noch ein paar bange Gedanken braucht, um zur Gruselkulisse zu werden.

Fest steht: Weil das Moor, in dem man bis in die 1960er Jahre hinein Torf abbaute, in den 1970er Jahren renaturiert wurde, haben sich bis heute wieder seltene Tier- und Pflanzenarten angesiedelt: Sonnentau gehört dazu, viele Libellenarten oder die Kreuzotter. Um den blauen Frosch zu erblicken, bedarf es einiges Geschick: Es handelt sich dabei um den männlichen Moorfrosch, der die Weibchen in der Paarungszeit mit einem lauten Konzert und eben seiner hellblauen Färbung zu beeindrucken sucht. Einmal gestört, taucht er ab und kommt dann – wenn überhaupt – in seiner normalen braunen Tracht wieder zum Vorschein.

Das Pietzmoor lädt zu einem ein- bis anderthalbstündigen Rundweg ein. Und der ist auch zu ganz normalen Tageszeiten ein schöner Spaziergang.

Pietzmoor
Parkplatz beim Schäferhof
Heberer Straße 100
29640 Schneverdingen

Der Schäferhof in Schneverdingen

Katerina und Christian Glet geben jedem Gast des Schäferhofs das Gefühl, jederzeit willkommen zu sein.

Ein besonderes Fleckchen Erde findet man am Rand von Schneverdingen. Zwischen Pietzmoor und Osterheide steht ein schönes einstöckiges Fachwerkhaus, in dem sich heute ein Restaurant Café Hotel befindet: Der Schäferhof.

Katerina und Christian Glet führen den Betrieb mit liebevoller und sorgsamer Hand. Der Service ist kompetent und aufmerksam, die Dekoration stil- und geschmackvoll mit viel Liebe zum Detail und die Speisen, die die Küche verlassen, sind exquisit, ohne teuer zu sein. Der Schäferhof ist übrigens Mitglied im Verein Regionale Esskultur (siehe Extrakasten). Da versteht es sich von selbst, dass Eier, Mehl und Milch für die schmackhaften Torten, die weit über die Landesgrenzen hinaus bekannt sind, direkt aus der näheren Umgebung kommen.

Am bemerkenswertesten ist jedoch die Landschaft, die man aus jedem Fenster des Hauses genießen und bei gutem Wetter natürlich auf der großen Sonnenterrasse mit jeder Pore des Körpers aufsaugen kann. Unendlich scheinende Weiten unverfälschte Heide- und Moorlandschaft. Natur in Reinform. Wenn die Sonne untergeht, der Schäfer seine Herde in den nahgelegenen Schafstall treibt und sich langsam die Nebelschwaden durch die Ebene ziehen, dann lässt man der Fantasie freien Lauf und vergisst den Alltag.

Für einen längeren Aufenthalt hält das Hotel eine Menge Ausflugstipps bereit. Von ausgearbeiteten Fahrradtouren über Nordic Walking-Strecken bis zu ausgewiesenen Reitwegen: viele Ausflüge beginnen direkt vor der Tür. Heide-Park, Snow Dome, Kartbahn oder der Weltvogelpark Walsrode sind nur wenige Kilometer entfernt und auch Hamburg, Lüneburg, Bremen oder Hannover liegen in bequemer und über die Autobahn schnell zu erreichenden Nähe, genau das Richtige für einen herrlichen Tagesausflug.

Erholsame Natur

COCO-MAT
Himmlischer, natürlicher Schlaf

Bereits in den 80er Jahren begann COCO-MAT mit der Produktion von Betten und Matratzen aus 100% natürlichen, nachwachsenden Ressourcen. Die aufwendig und sehr hochwertig produzierten Betten und Kissen werden aus Baumwolle, Wolle, Kautschuk, Kokosnussfasern, Rosshaar, Seegras und Gänsedaunen, die Bettengestelle und Möbel aus reinem Hartholz hergestellt. Der Schäferhof ist das zur Zeit einzige Hotel in der Lüneburger Heide, das einige Zimmer bereits komplett auf natürliche Materialien umgestellt hat und mit diesen Betten krönt. Fragen Sie nach den COCO-MAT Zimmern!

Fazit: Wer absolute Erholung, die Wunder der Natur und kulinarischen Genuss schätzt, der kommt um den Schäferhof in Schneverdingen nicht herum.

Regionale Esskultur

Essen und Trinken sind ein wichtiger Bestandteil der regionalen Kultur und machen die Besonderheiten der Region aus. Um das kulinarische Erbe in der Lüneburger Heide zu bewahren, hat sich der Verein zu Förderung der Regionalen Esskultur geründet. Er ist Teil der europaweiten Initiative „Culinary Heritage". Ihm gehören Restaurants, Cafés, Hofläden und Produzenten an, denen das Wohl ihrer Gäste und die Qualität der Speisen ebenso wichtig sind, wie der regionale Gedanke. Sie verwenden ausschließlich die frischen Lebensmittel und Zutaten von Heideschlachtern, Bauern und Lieferanten aus der unmittelbaren Nachbarschaft, das schmeckt man. Der Schäferhof bietet fast alle heidetypischen Spezialitäten wie z.B. Heidschnucke, Wild, Heideforellen, Heidehonig, Spargel oder die goldgelben Heidekartoffeln. Verarbeitet werden sie in saisonale Köstlichkeiten und kulinarische Klassiker. Probieren Sie z.B. den Heidschnuckenbraten oder die frischen Pfifferlinge mit Rührei.

Hotel Schäferhof
Schäferhof
Hotel Restaurant Café

Heberer Straße 100
29640 Schneverdingen

Tel. (05193) 3547
Fax (05193) 50832

info@hotel-schaeferhof.com
www.hotel-schaeferhof.com

[24] Naturnah gärtnern und entspannen
Hof Möhr, Schneverdingen

Wie früher die Bauersfrauen der alten Heidehöfe ihre Gärten genutzt haben, auf Hof Möhr kann man es sehen. Symmetrisch angelegte Beete für Gemüse, Stauden und Kräuter sind mit Buchsbaum eingefasst. Es gibt Hecken, in denen die Vögel brüten und sich verstecken können. Auf vielleicht 500 Quadratmetern zeigt sich eine Pflanzenvielfalt, die Gärtnerherzen höher schlagen lässt.

Die Alfred Toepfer Akademie für Naturschutz (NNA) hat auf Hof Möhr ihren Sitz. Sie ist eine Einrichtung des Landes Niedersachsen und zuständig für Forschung, Bildung und Öffentlichkeitsarbeit im Naturschutz. Klar, dass der Garten darum naturnah angelegt ist und Spritzmittel tabu sind.

Hof Möhr, gelegen an einer attraktiven Radroute durch die Osterheide, ist aber auch wegen zahlreicher anderer kleiner Attraktionen einen Besuch wert. Eine Pflanzenkläranlage, eine Wand mit zahlreichen Nistkästen, eine Walze aus Napoleons Zeiten, ein reich bevölkerter Teich, eine Streuobstwiese – all das ist in unmittelbarer Nähe des Hauses zu begutachten. An dem alten Heidehof beginnt auch der Uhlenstieg. Wer den Symbolschildern mit der Eule auf dem etwa zwei Kilometer langen Rundkurs folgt, entdeckt unter anderem Schwarzspechthöhlen, knorrige alte Eichen und eng umschlungene Bäume.

Hof Möhr ist ein idyllischer Ort für eine Rast – Bänke stehen vor der Naturschutzinformation, die Reisende mit allerlei Wissenswertem versorgt und Ausstellungen zu Themen der Region präsentiert.

Alfred Toepfer Akademie für Naturschutz
Hof Möhr
29 640 Schneverdingen
T 05199 / 989 10
www.nna.niedersachsen.de

[25] Harsche Winde und ein Parcours
Camp Reinsehlen

Im Camp Reinsehlen befindet sich die größte Magerrasenfläche Niedersachsens. Das klingt zunächst nicht sehr attraktiv, aber wer genau hinschaut, entdeckt in der weiten Fläche des Camps seltene Pflanzen und gefährdete Tierarten, die sich den extremen Bedingungen des Sandmagerrasens angepasst haben. Viele Gräser haben sich auf die Nährstoffarmut, die harschen Winde und den trockenen Boden eingestellt. Die Heidenelke ist hier zu finden, auch Thymian kann man entdecken und riecht ihn, wenn man an den Blättern reibt. Für bodenbrütende Vögel ist die karge Gegend wichtiger Lebensraum.

Das Gelände hat eine militärische Vergangenheit. Es diente im Zweiten Weltkrieg als Flugplatz und zur Flugausbildung. Später übernahmen es britische Streitkräfte und nutzten es bis in die 1990er Jahre hinein als Übungsgelände für Panzereinheiten. Mit Ende der militärischen Nutzung gab es Überlegungen, die Fläche als Baugebiet auszuweisen, was jedoch verhindert werden konnte. Heute ist das Camp

[26] In den Dünen der Heide
Walderlebnis Ehrhorn

Zum Meer sind es noch 170 Kilometer, dennoch türmen sich rund um das Haus Ehrhorn Nr. 1 die Dünen, als wäre es nur ein kurzer Marsch bis zum Wasser. Es handelt sich dabei um Wanderdünen, die erst Ende des 19. Jahrhunderts in ihrer Fortbewegung durch einen Wandel in der Landnutzung – weg von der klassischen Heidewirtschaft hin zu Wiederaufforstungen – gestoppt werden konnte. Die Dünen umgeben die kleine Waldsiedlung Ehrhorn im Westen des Naturschutzgebietes Lüneburger Heide bis zu 15 Meter hoch. Einst machten die Sandverwehungen den Menschen das Leben schwer, heute aber sind die Dünen über ihrem hellen, feinen Sand bewachsen. Als grüne Wälle sind sie inmitten des Mischwaldes noch gut zu erkennen.

Zentraler Dreh- und Angelpunkt des Walderlebnis Ehrhorn ist das 360-jährige, denkmalgeschützte Heidjerhaus. Für die Einrichtung ist im Jahre 2011 eine Neukonzeption vorgesehen – daher ist das Ausstellungshaus für den öffentlichen Besucherverkehr erst wieder ab 2012 zugänglich – Angebote für Schulklassen und Führungen ausgenommen. Aber auch im Umfeld gibt es Spannendes zu entdecken. Auf dem 3,5 Kilometer langen Erlebnispfad können sich große und kleine Besucher beispielsweise

Reinsehlen ein wertvolles Areal für Natur, Tourismus und Kultur. Ein unaufdringlich in die Landschaft integriertes Hotel und ein Gasthaus laden zum Verweilen ein, die Alfred Toepfer Akademie für Naturschutz unterhält hier einen Seminarbetrieb im ehemaligen Stabsgebäude. Der „Parcours" – bankähnliche Installationen des dänischen Künstlers Jeppe Hein – führen zu den Spuren der militärischen Nutzung: zur Panzerwaschanlage, dem Trafohaus und anderen Orten mit Vergangenheit. Weithin sichtbar ist die „Loop Bench" – eine Bank wie eine Achterbahn, die an die nicht mehr sichtbaren Spuren der Panzer in dem Gelände erinnern soll.

www.campreinsehlen.de

durch einen Ameisenlöwen führen lassen. Oder sie unternehmen eine Baumreise im Arboretum. Wer sich dort auf den Blindenlauf einlässt, erlebt den Wald einmal mit anderen Sinnen. Zum Relaxen lädt das Außengelände ein, hier kann man wieder Kraft für das dort kürzlich erweiterte Ameisengehege tanken.

Mit der Neukonzeption werden im Haus ab 2012 moderne Präsentationstechniken Einzug erhalten, die es ermöglichen, künftig noch flexibler und zeitnaher interessante Themen wie zum Beispiel die Rückwanderung des Wolfes in Deutschland erlebnisreich anbieten zu können. Zu Beginn des 21. Jahrhunderts wurden in der Lüneburger Heide Einzelwölfe gesichtet, im Osten Deutschlands hingegen sind erste Rudel heimisch geworden. Ein wesentlicher Faktor bei der Auswahl eines geeigneten Territoriums ist ein gutes Nahrungsangebot. Dies bietet die Heideregion durch ausreichend große und geeignete Lebensräume für das heimische Wild. Die Lüneburger Heide ist daher nach Meinung von Wolfsexperten durchaus geeignet dafür, dass in Zukunft auch hier ganze Wolfsrudel heimisch werden.

Welche Themen nun im Ausstellungshaus zukünftig genau und wann angeboten werden, stand bei Druck dieses Buches noch nicht abschließend fest. Vor dem Besuch sollte man sich daher auf der hauseigene Homepage entsprechend informieren.

Walderlebnis Ehrhorn
Ehrhorn Nr. 1
29640 Schneverdingen-Ehrhorn
T 05198/98 71 20
www.ehrhorn-heide.de

[27] Pastor Bode sei Dank
Totengrund, Wilsede

War sich der Egestorfer Pastor Wilhelm Bode der Tragweite seines Tuns bewusst, als er im Jahre 1906 die wohl spektakulärste Heidefläche der Lüneburger Heide – den Totengrund nahe des Wilseder Berges – aufkaufte? Gut möglich, denn er setzte sich seinerzeit sehr engagiert und ausdauernd dafür ein, diese Kulturlandschaft zu erhalten. Oft war der gebürtige Lüneburger mit seinem Vater und seinen Geschwistern in der Heide wandern gewesen und hatte die Landschaft ins Herz geschlossen.

Mit seinem Einsatz rettete Pastor Bode die Gegend vor der Bebauung mit Wochenendhäusern. Das Geld, das er selbst nicht hatte, lieh ihm unter anderem sein Freund Prof. Thomsen aus Münster. Mit dem Ankauf des Totengrundes schaffte Pastor Bode nichts weniger als die Basis für das heutige Naturschutzgebiet Lüneburger Heide. Inzwischen gehört der Totengrund dem Verein Naturschutzpark (VNP).

Der Totengrund ist mehrere Hektar groß und liegt südlich von Wilsede. Er ist mit Heide und Wacholdern bewachsen. Es handelt sich um einen Kessel aus der Eiszeit, in der das Eis sehr lange liegen blieb, so dass der Boden in der Folge wenig fruchtbar war. Durch die Senke führt ein Wanderweg, aber wer will, kann auch einen der Wege am oberen Rand nutzen. Sie ermöglichen einen beeindruckenden Blick ins Tal. Besonders schön ist es, wenn der Schäfer zur Heideblüte mit seiner Herde im Totengrund unterwegs ist.

Verein Naturschutzpark e.V. (VNP)
Niederhaverbeck 7
29646 Bispingen
T 05198/987030
www.verein-naturschutzpark.de

[28] Höher geht es nicht
Wilseder Berg

Für die einen ist es eine wunderschöne Kulturlandschaft, für die anderen das Motiv für die kitschigste Postkarte der Welt. Keine Ansichtssache, sondern Fakt ist: Der Wilseder Berg ist mit 169 Metern die höchste Erhebung der norddeutschen Tiefebene und mithin einer der Hauptanziehungspunkte für Heide-Besucher. Da er im Naturschutzgebiet Lüneburger Heide liegt, ist er nicht mit dem Auto zu erreichen. Statt dessen bieten sich Wanderungen an – beispielsweise über den Machandel-Erlebnispfad, der von Döhle über Wilsede nach Oberhaverbeck führt und unterwegs kleine Spiele für den Geist und die Sinne bereithält. Radtouren sind ebenso möglich, und von mehreren ausgewiesenen Standorten fahren Pferdekutschen Richtung Wilsede. Das Gelände verdankt seine Form den Gletschern der vorletzten Eiszeit. Der Berg mit seinem flachen Gipfel verfügt an seinen Rändern über Mulden und Täler wie dem Toten- oder dem Steingrund. Im Örtchen Wilsede etwa einen Kilometer entfernt – dort halten auch die Kutschen – lässt sich gut Rast machen

und ein wenig Wissen tanken. Im Heimatmuseum Dat ole Huus und dem Ausstellungsschafstall auf dem Emhoff beispielsweise können Besucher sich ein Bild davon machen, wie die Heidebauern um 1850 lebten. In der Nähe befindet sich ein Stauden-, Kräuter und Gemüsegarten. Pilger auf dem Jakobsweg können ebenfalls in Wilsede einkehren: Auf dem Emhoff bietet der Felsenkeller Gelegenheit, Ruhe und Kraft für den nächsten Abschnitt Richtung Santiago de Compostela zu tanken, und einen Stempel für die Wegstrecke gibt es auch.

Der Verein Naturschutzpark (VNP) wird in einer weiteren Ausstellung auf dem Emhoff vorgestellt. Er setzt sich für die Pflege und den Erhalt des Naturschutzgebietes Lüneburger Heide ein und ist damit für eines der ältesten und größten Naturschutzgebiete Deutschlands und die größten zusammenhängenden Heideflächen Europas verantwortlich.

Kinder können sich auf dem nahe gelegenen Abenteuerspielplatz austoben und haben durch die vielen an- und abfahrenden Pferdegespanne immer etwas zu gucken.

Verein Naturschutzpark e.V. (VNP)
Niederhaverbeck 7
29646 Bispingen
T 05198 / 98 70 30
www.verein-naturschutzpark.de

[29] Auf Pilgers Spuren durch die Heide
Jakobsweg am Tütsberg

Ziel aller Pilger des Jakobsweges ist Santiago de Compostela in Spanien, wo sich das Grab des Apostels Jakobus befinden soll. Startpunkte für die Pilgerreise hingegen gibt es viele, die Strecken kommen aus allen Teilen Europas zusammen. Ein Weg, gekennzeichnet mit einer gelben Muschel, führt auch durch die Lüneburger Heide. Er erstreckt sich von Hittfeld über Asendorf, Undeloh und Niederhaverbeck bis nach Soltau und Walsrode. Laufend werden weitere Strecken des

Pilgerwegs und Wege zu anderen christlichen Zielen mit der nötigen Infrastruktur fertig gestellt – so beispielsweise auch in und um Hermannsburg, wo die Pilgermuschel ebenfalls den Weg weist. Im Naturpark Lüneburger Heide finden sich die gelben Wegmarkierungen auch auf dem Tütsberg und damit an einem schönen Ort nicht nur für Pilger, sondern auch für Wanderer, Radfahrer und Reiter, die lediglich zu einer Tagestour starten wollen. Hinunter Richtung Oberhaverbeck erstrecken sich Heideflächen bis zum Horizont. Auf dem Hof Tütsberg ist eine der sechs Schnuckenherden des Vereins Naturschutzpark beheimatet. Der Hof selbst bewirtschaftet seine Ackerflächen mit regionaltypischen Sorten wie Buchweizen, Sandhafer und Roggen nach Bioland-Kriterien. Ein Restaurant und ein Hotel laden zum Bleiben ein – hervorzuheben sind die Angebote für Reiter.

Obwohl es mitten im Naturschutzgebiet Lüneburger Heide liegt, ist das Anwesen, das aus dem 16. Jahrhundert stammt, mit dem Auto zu erreichen. Ansonsten herrscht im Naturschutzgebiet rund um den Wilseder Berg, der etwa 15 Kilometer entfernt ist, absolutes Autoverbot.

Landschaftspflegehof Tütsberg
29640 Schneverdingen
T 05199 / 900
www.tuetsberg.de

[30] Heidetal mit Kraterblick
Borstel in der Kuhle

Bispingen bezeichnet die Borsteler Kuhlen – auch Borsteler Schweiz genannt – als eines der schönsten Flecken im Gemeindegebiet. Nicht ganz zu unrecht, denn vom alten Bauerndorf Borstel im Tal des Flüsschens Brunau aus lässt sich ein wunderschönes, tief abfallendes Heidetal zu Fuß entdecken. Wacholder und Birken haben sich über Strecken schon ihre Plätze zurückerobert. Ein Spaziergang am oberen Rand bietet einen hübschen Ausblick über den „Krater". Bei guter Sicht können Ausflügler sogar die Spitze der Bispinger St.-Antonius-Kirche sehen.
Wer weiter in den Wald wandert, wird sicher auf eines der zahlreichen Hügelgräber stoßen, die in

den Ortschaften Borstel, Behringen und Volkwardingen freigelegt wurden. Funde daraus sind inzwischen in Museen in Soltau und Hannover zu sehen. Es handelt sich dabei unter anderem um Urnen, Beile und Bronzeschmuck. Ein kleines Museum gibt es auch in Hützel. Es ist in der Obhut von Sammler Josef Hemmerle und wird in Zusammenarbeit mit dem Heimatverein betreut.

Bispingen-Touristik
Borsteler Straße 6
29646 Bispingen
T 05194/39852
www.bispingen.de

[31] Wechselvolle Geschichte
Ole Kerk, Bispingen

Für Hochzeitspaare ist die Ole Kerk eine traumhafte Kulisse für ihren schönsten Tag im Leben. Die dicken, rund 650 Jahre alten Mauern aus Feldstein, das Tageslicht, das schräg durch die Fenster fällt, die Decke aus Holz – all das positioniert in einem alten Baumbestand – sind überaus anziehend für jene, die sich das Jawort in Bispingen geben wollen. Dabei wäre die kleine alte Kirche im Jahre 1972 fast abgerissen worden. Aufgrund von Finanzierungsproblemen hatte der damalige Kirchenvorstand die Genehmigung dafür sogar schon schweren Herzens erteilt.

Um 1900 platzte die Ole Kerk aus allen Nähten, daher entschloss sich die evangelisch-lutherische Kirchengemeinde, ein größeres Gotteshaus zu bauen – die jetzige St.-Antonius-Kirche. Seitdem hat der kleine Vorgänger keinen Glockenturm mehr, da nun die Glocken des neuen Gotteshauses den Ton angaben. Die alte Kirche wurde fortan als Gemeindehaus und Versammlungsraum genutzt, in der Nachkriegszeit auch als Klassenraum. Und weil die große Kirche sogar den Namen übernommen hatte, blieb ihr kleines Pendant nunmehr namenlos und wurde von den Einheimischen einfach „Ole Kerk" (Alte Kirche) genannt. Seit 2002 trägt das Gotteshaus diesen niederdeutschen Namen offiziell. Aber zurück in die Historie und in die 1960er Jahre: Damals wurde ein funktionales Gemeindehaus errichtet und die Ole Kerk ein weiteres Mal ihrer Funktion beraubt. Darüber hinaus war zunächst auch kein Geld für die notwendigen Renovierungen an der kleinen Kirche aufzutreiben, und so fiel der Abriss-Beschluss. In letzter Minute kamen jedoch Finanzierungszusagen von verschiedenen Seiten, so dass Bispinger Brautpaare heute in einem schönen, gottesdienstlich gestalteten Innenraum vor den Altar treten können.

Wenn Verliebte sich die Ole Kerk nicht gerade als Ort der Eheschließung ausgesucht haben, gibt es Konzerte, ökumenische Veranstaltungen und Andachten.

Ole Kerk
Kirchweg 5
29646 Bispingen
T 05194 / 73 45 (Pfarramt)
www.kirche-bispingen.de

[32] Faszinierend verrückt
Heidekastell Iserhatsche

Um 1913 eine Jagdvilla für den Königlich Preußischen Kommerzienrat Ernst Nölle, irgendwann später Jugendwaldheim für Berliner Kinder und heute ... tja, heute das vielleicht verrückteste Anwesen der Welt. Zumindest scheut sich der agile Berliner Malermeister Uwe Schulz-Ebschbach nicht, allerhand Kurioses auf seinem Gelände zu verwirklichen: Einen Wasserfall und einen Vulkan hat er direkt nebeneinander gebaut. Es gibt eine Brotbackgrotte und einen Eisen-Glocken-Baum, sogar die Arche Noah steht dort. Nicht zu vergessen sind das Trauzimmer mit seinen reichen Bemalungen und der Sala del Monte, ein prachtvoller Saal für Feierlichkeiten. Und dann ist da noch die größte Bierflaschensammlung der Welt zu bestaunen – eine Sammlung von rund 16.000 Bierflaschen aus 168 Ländern der Welt –, eine Sammlung von Zuckerstücken und Kondensmilchdöschen gibt es ebenfalls und eine weitere von hunderttausenden Streichholzschachteln.

Ganz ohne System sind all diese scheinbar wild zusammengewürfelten Attraktionen nicht. Die kunstvollen Gemälde an Wänden und Decken erzählen Geschichten, im Sala del Monte beispielsweise finden 2000 Jahre Menschheitsgeschichte an den Wänden statt. In

vielen Formen findet sich das Ebereschenblatt wieder, das Symbol der Familie Schulz-Ebschbach. Garniert wird alles mit mehr als 500 philosophischen Sinnsprüchen überall auf dem Gelände. Für jede Lebenslage ist etwas Geeignetes dabei. Für den Fall, dass der Hausherr sterben sollte, hat er vorgesorgt: Mit einem Sitzsarg, den Besucher ebenfalls bestaunen können. Vielleicht haben etliche Gäste nach einem Iserhatsche-Besuch den Kopf geschüttelt. Aber sie werden zu Hause trotzdem sagen: „Das muss man einfach gesehen haben."

Heidekastell Iserhatsche
Nöllestraße 40
29 646 Bispingen
T 05194/12 06
www.iserhatsche.de

[33] Majestäten der Lüfte
Greifvogel-Gehege

Ihr ganzes Leben schon hat Frigga Steinmann-Laage mit Greifvögeln verbracht – zunächst an der Seite ihres Vaters, heute ist sie selbst Expertin für die Majestäten der Lüfte. Wer das Greifvogel-Gehege in Bispingen besucht, macht ebenfalls erste Schritte auf dem langen Weg hin zum Greifvogel-Experten, denn Frigga Steinmann-Laage präsentiert ihre Schützlinge aus nächster Nähe und gibt ihr beeindruckendes Wissen an die Besucher weiter. Die Tochter des Zoologen Dr. Ernst A. Laage berichtet über Verhaltensweisen der anmutigen Flieger in der Natur, über ihre Fangtechniken und die Beute, die sie bevorzugen. Garniert ist all das mit Geschichten aus dem persönlichen Erleben der Greifvogel-Liebhaberin.

Das Gehege liegt zwischen Bispingen und Amelinghausen inmitten von Wald und Heide. 1978 hat Frigga Steinmann-Laage es gegründet – zwei Jahre nach dem Tod ihres Vaters, der ihr etwa 30 Adler, Falken, Habichte, Bussarde und Eulen hinterlassen hatte. Der Wissenschaftler hatte sein Berufsleben ebenfalls den Greifvögeln gewidmet und eine Forschungs- und Lehrstätte für Taggreifvögel und Eulen in Hamburg gegründet. Dort befasste er sich mit der Zucht bedrohter Arten, um diese vom Aussterben bewahren zu helfen. Heute beherbergt das Greifvogelgehege seiner Tochter rund 200 Tiere, zu denen die Expertin teilweise so intensiven Kontakt hat, dass sie sich sogar von Fremden streicheln lassen. Etwa 40 von Ihnen zeigen sich den Besuchern.

Greifvogel-Gehege Bispingen
29646 Bispingen
(Zufahrt von der Bundesstraße 209)
T 05194/7888
www.greifvogel-gehege.de

[34] Wie in Bethlehems Stall
Schafstallkirche, Munster

Warum nicht? Eine Kirche in einem ausgedienten Schafstall einzurichten hat seinen ganz eigenen Charme. Die Einrichtung aus Holz, der Blick ins Grüne, die landschaftliche Einbettung in ein kleines Heide-Idyll am Rande eines Wohngebietes vermitteln bei der ungewöhnlichen Umsetzung des Gotteshauses St. Martin ein tiefes Gefühl von Geborgenheit.

Nicht immer stand der Schafstall dort am Westrand der Stadt. Das 150 Jahre alte Gebäude wurde in Kohlenbissen, einem Ort östlich von Munster, vor dem Abriss bewahrt und am jetzigen Standort wieder aufgebaut. 1989 begann die St.-Martinsgemeinde, die Kirche mit Leben zu füllen. Genau genommen ließen es sich die Menschen schon 1988 nicht nehmen, die noch unfertige Kirche zu besuchen: Sie feierten den Heiligen Abend des Jahres wie in Bethlehems Stall.

Die hölzerne Krippe präsentiert die Gemeinde in ihrem außergewöhnlichen Gotteshaus das ganze Jahr über. Der österreichische Bildhauer Josef Brugger nutzte 400 Jahre altes Eichenholz, um Hirten, Tiere, Maria, Josef und das Jesuskind darzustellen. Damit fügt sich die heilige Gruppe harmonisch in die Räumlichkeiten der Kirche ein – und ist wichtiger Blickfang zugleich. Geborgenheit und Wärme vermitteln ebenfalls die Sprüche an den rustikalen Querbalken unter dem Dach. Dort ist der 23. Psalm wiedergegeben, der die Eintretenden vom Eingang bis zum Altar geleitet. „Der Herr ist mein Hirte…" steht da, und genau das Gefühl kann diese besondere Kirche vermitteln.

Schafstallkirche Munster
Kirchengemeinde St. Martin
Marienburger Straße 1
29633 Munster
T 05192/5757
www.schafstallkirche.de

[35] Munsters zweites Gesicht
Glaskunst, Munster

Munster ist die größte Garnison des deutschen Heeres. Zwei große Truppenübungsplätze umgeben die Stadt an der Örtze. In der Innenstadt ist es den Verantwortlichen über die Jahre gelungen, Munster durch zahlreiche Kunstwerke im öffentlichen Raum ein zweites Gesicht zu geben – das eines Ortes, der auch Wert auf Kultur legt. Die Stadt steht jedoch auch zu ihrer militärischen Prägung, und so ist die Bronzeskulptur Lili Marleen wohl das symbolhafteste Bindeglied der Bereiche Garnison und Kultur. Der Bremer Bildhauer Claus Homfeld schuf das realistische Objekt 1987 nach dem berühmten „Lili Marleen"-Lied eines sehnsuchtsvollen Soldaten. Es steht am Ende der Wilhelm-Bockelmann-Straße – dort, wo sich bis zum Zweiten Weltkrieg das Tor zum Truppenlager bei Munster befunden hat.

Neben ihren Bronzeskulpturen hat die Stadt sich auf Glasplastiken im öffentlichen Raum spezialisiert. Alle zwei Jahre lädt Munster zur „Biennale der Glaskunst" ein, der Ortskern wird dann zur Freilichtgalerie. Künstler aus aller Welt stellen ihre Plastiken und Skulpturen dann in den Gärten und Parkanlagen aus. Einige der Glaskunstwerke sind dauerhaft installiert, so zum Beispiel die imposanten Säulen des Werks „Wintersaga" von Milan Vobruba im Rehrhofer Weg oder seine Kreation „Luft und Wasser" im Innenhof des Rathauses.

Stadt Munster / Munster Touristik
Veestherrnweg 5
29633 Munster
T 05192 / 899 80
www.munster-touristik.de

IM NORDEN
Landkreise Lüneburg und Harburg

[36] Kulturstätte mit sozialem Engagement
Freilichtmuseum Kiekeberg

Erinnern Sie sich noch? Nierentisch und Cocktailsessel, ein Holzherd in der Küche und das erste bunte Plastik-Spielzeug für die Kinder, das sind typische Requisiten der 1950er Jahre. Eine Dauerausstellung im Freilichtmuseum Kiekeberg über das damalige Leben auf dem Land lässt ältere Besucher in Erinnerungen schwelgen und jüngere die Alltagswelt ihrer Großeltern entdecken.

Aufgabe des Museums ist es, die Kulturgeschichte der Lüneburger Heide und der Elbmarsch zu bewahren. Das zwölf Hektar große Gelände ist per se Ausstellungsraum, zeigt es doch mehr als 30 historische Gebäude, ihre Inneneinrichtungen und Gärten. In den verschiedenen Häusern untergebracht sind weitere Ausstellungen wie die der 1950er Jahre, eine Präsentation alten Handwerks, aber auch eine aktive Schnapsbrennerei und eine Bäckerei. Mehr noch: 2012 soll ein Agrarium hinzukommen, das Einblick in die Landwirtschaft von gestern, heute und morgen und in die Ernähungsindustrie geben soll. Geplant ist dann außerdem eine Kaffeerösterei. Zwischen all dem erstrecken sich abwechslungsreiche Grün- und Gartenanlagen.

Herauszuheben ist das soziale Engagement der das Museum tragenden Stiftung. Denn in Ehestorf und den Außenstellen des Muse-

ums arbeiten rund zwölf Menschen mit Behinderung. Sie helfen je nach ihren Möglichkeiten in den Gärten und der Gastronomie, versorgen das Vieh oder reparieren Möbel. Viele von ihnen leben im Wohnheim Wennerstorf weiter südlich, wo sich ein Museumsbauernhof befindet, der ebenfalls zum Freilichtmuseum gehört.

Das dortige 400 Jahre alte Anwesen wird mit Hilfe der Menschen mit Behinderung ökologisch bewirtschaftet. Ein Hofladen und ein Hofcafé sind stilvoll eingerichtet und laden zum Verweilen ein. Die Welt in Wennerstorf ist noch in Ordnung. Obwohl das Heidedörfchen nur wenige Kilometer von der viel befahrenen Bundesstraße 3 und der Autobahn 1 entfernt liegt und zwischen Dorf und Straße in den vergangenen Jahren einige unschöne Logistik-Hallen entstanden sind, scheint in Wennerstorf selbst die Zeit stehen geblieben.

Freilichtmuseum am Kiekeberg
Am Kiekeberg 1
21 224 Rosengarten-Ehestorf
T 040 / 790 17 60
www.kiekeberg-museum.de

Museumsbauernhof Wennerstorf
Lindenstraße 4
21 279 Wennerstorf
T 04165 / 211349
www.museumsbauernhof.de

[37] Wilde Tiere kurz vor Hamburg
Wildpark Schwarze Berge

Vom Aussichtsturm aus können Gäste bei gutem Wetter die imposanten Hafenanlagen von Hamburg sehen, aber das allein dürfte nicht der Grund sein, warum der Wildpark Schwarze Berge sich seit Jahrzehnten als Besuchermagnet in der Region präsentiert. Es sind vielmehr auch die rund 1.000 Tiere in großzügigen Gehegen, die die Gäste anziehen. Gleich zum Beginn des Rundgangs begrüßen grunzende Hängebauchschweine Alt und Jung. Exoten gibt es im Wildpark nicht, sondern Arten, die in das hiesige Klima gehören: Fischotter, Wildschweine, Luchse, Hirsche, Wölfe, Bären und viele Arten mehr haben sich versammelt.

Besondere Attraktionen im Wildpark Schwarze Berge sind die Flugschau mit Greifvögeln, die Kunsthandwerkerhalle, das Füttern des Damwildes im Freigehege und auch das Fledermaushaus, in dem die Flattertiere den Besuchern ganz nah um die Köpfe kreisen.

Wildpark Schwarze Berge
Am Wildpark
21 224 Rosengarten-Vahrendorf
T 040/81 97 74 70
www.wildpark-schwarze-berge.de

[38] Hier werden Weichen gestellt
Rangierbahnhof Maschen

Der Rangierbahnhof Maschen ist der größte Rangierbahnhof Europas und der zweitgrößte der Welt. Hier werden die Waggons von Güterzügen neu zusammengestellt, um einen effektiven Transport von Waren ins Landesinnere beziehungsweise zum Hamburger Ha-

fen zu gewährleisten. Die Zahlen sind beeindruckend: Der Bahnhof ist sieben Kilometer lang und rund 700 Meter breit. 590.000 Schwellen sind auf dem Gelände zu finden, 750 Weichen können gestellt werden, damit die Wagen vom fünf Meter hohen Ablaufberg in das richtige Gleis rollen.

Von einer Brücke aus, die über die Gleisanlagen führt, ist die Dimension des Rangierbahnhofes gut zu überblicken. Fast 70 Gleise liegen hier nebeneinander und erstrecken sich bis zum Horizont, wo bei klarem Wetter der Hamburger Hafen zu erkennen ist. Selbst für jene, die sich nicht für große Eisenbahnfans halten, ist dieser Blick beeindruckend.

Rangierbahnhof Maschen
Hörstener Straße
21220 Seevetal

Heidjer-Tipp!
[39] Rauschender Bach und gutes Essen
Horster Mühle, Seevetal

Andreas Rakowski, Seevetal:

„Ich kenne die Schmanns schon seit ich klein war und bin sehr froh, dass die Familie die Mühle in den 1990er Jahren saniert und gerettet hat. Wenn man über die Seeve schauen kann und das Mühlrad läuft, fühlt man sich so wohl wie zu Hause."

Ein kleines Laubwäldchen als Rahmen, ein rauschender Fluss, ein klapperndes Mühlrad, gutes, bürgerliches Essen: Das sind die Zutaten für das Erfolgsrezept der Horster Mühle in Seevetal. Das Gasthaus ist seit Generationen im Besitz der Familie Wilhelm Schmanns, und die Chancen dafür, dass auch die nächste Generation es weiterführt, stehen gut. Seit 2001 sind die beiden Söhne Maik und Jörn im Betrieb aktiv. Von dieser Tradition dürfte der freundschaftlich-familiäre Umgang mit den Gästen und der hohe Anteil an Einheimischen, die immer wieder gerne herkommen, herrühren. Auf der Speisekarte stehen neben Schnitzel- und Steak-Spezialitäten auch zahlreiche Fischgerichte – darunter die Seeveforelle vom Forellenhof Kröger in Wörme, der seine Zuchtanlage mit Seevewasser betreibt.

Urkundliche Erwähnungen zur Horster Mühle führen in das 16. Jahrhundert zurück. Seit damals und bis 1966 mahlten die verschiedenen Müller mit Hilfe des Wasserrades und der Kraft der Seeve ihr Schrot. Die Familie Schmanns erwarb den Betrieb 1888 im Rahmen einer Zwangsversteigerung. Schon um die Jahrhundertwende erzeugte sie Strom für den Ort. Als der Betrieb durch eine Staubexplosion 1936 abbrannte, blieben rund 80 Haushalte in Maschen und Horst ohne Strom. Der Besitz hat noch heute die Form, in der er damals wieder aufgebaut wurde.

Allein, mit dem Mahlen war bald nicht mehr über die Runden zu kommen. So widmeten sich die Schmanns mehr und mehr der Landwirtschaft und der Gastronomie. Neben den laufenden Kosten investierte die Familie in den 1990er Jahren noch einmal kräftig, um die Mühle zu erhalten und einen Wintergarten anzubauen. Seit 1996 erzeugt das alte Mühlenrad wieder elektrischen Strom.

Horster Mühle
Zur Wassermühle 4
21 220 Seevetal
T 04105 / 826 43
www.horstermuehle.de

[40] Waldabenteuer
Märchenwanderweg „Der Trickser", Jesteburg

Am Lohof in Jesteburg wartet auf Alt und Jung ein Wanderweg der besonderen Art: Am Wegesrand erzählen Schilder und liebevoll geschnitzte Figuren aus Holz ein kleines Märchen. Tief in den Wald geht es hinein, alle Geräusche der Zivilisation verschwinden, und das, obwohl sich ein Holzwerk in der Nähe befindet. Der Weg wird einsamer. Begleitet werden Wanderer über die gut drei Kilometer lange Strecke nur von den Abenteuern der drei Freunde Keri, Pinki und Zipfel und von einem Zauberstab, der den Weg weist.

Der böse Trickser hat den Freunden den Zauberstab gestohlen, seitdem herrscht Tumult im Dorf. Die drei begeben sich in den Wald, um die Zutaten für einen neuen Zauberstab zu sammeln – und immer wieder macht der Trickser ihnen einen Strich durch die Rechnung. Bloß gut, dass Schlange, Einhorn, Frosch, die Lerche und das Eichhörnchen helfen. Für einen neuen Zauberstab braucht es nämlich auch Spinnenspuckekräutersaft, und der ist nicht so einfach zu bekommen. Geht das Abenteuer der drei Freunde gut aus?

Märchenwanderweg „Der Trickser"
Lohof
21 266 Jesteburg

[41] Kleines Paradies für die Falter der Tropen
Alaris Schmetterlingspark

Schon im heimischen norddeutschen Garten sorgen Kleiner Fuchs, Tagpfauenauge und Admiral mit ihren prachtvollen Farben für Aufsehen. Die Schmetterlinge der Tropen, Subtropen und des Mittelmeerraumes übertreffen die Schönheit heimischer Falter aber sogar noch. Zu sehen sind im Schmetterlingspark im Laufe der Saison rund 140 Arten aus diesen Regionen.
Der Besucher bewegt sich durch die Hallen mit üppiger tropischer Bepflanzung und hoher Luftfeuchtigkeit, und hunderte Schmetterlinge umflattern ihn. Strahlendblaue Himmelsfalter, schwarz-weiß geäderte Baumnymphen, oder der im Tagschlaf verharrende und mit bis zu 32 Zentimeter Spannweite riesige Atlas-Seidenspinner – die Vielfalt ist beeindruckend. Mit etwas Glück können Besucher beim Schlüpfen der Falter zusehen. Alle Entwicklungsstadien, vom Ei über Raupe und Puppe zum prächtigen Falter sind zu beobachten.

Alaris Schmetterlingspark
Zum Mühlenteich 2
21 244 Buchholz-Seppensen
T 04181 / 36481
www.alaris-schmetterlingspark.de

[42] Regelmäßig leckeres Brot
Wassermühle Holm

Die Holmer Mühle ist ein schönes Beispiel dafür, wie gut historische Stätten erhalten werden können, wenn es nur Menschen gibt, die sich derer annehmen, die Herzblut, Zeit und Geld investieren, um wieder aufzubauen, was zu zerfallen droht. Stillgelegt wurde die Getreidemühle in Holm um 1920, weil sie sich, so hieß es, nicht mehr rentabel bewirtschaften ließ. Nur selten wurden Mahlwerk und Gebäude an der Seevebrücke in den folgenden Jahrzehnten genutzt.

Es war der Geschichts- und Museumsverein Buchholz und Umgebung um den Mitbegründer Gerhard Kegel, der es sich schließlich – seit dem Jahr 1977 – zur Aufgabe gemacht hat, dem alten Gemäuer wieder Leben einzuhauchen. Seitdem ist dank des regen Vereins wieder etwas los in der voll funktionsfähigen Museumsmühle: Es gibt Konzerte, Vorträge und Ausstellungen sowie regelmäßige Mahltage mit Brotverkauf.

Der Verein reaktivierte als eine der ersten Aufgaben das alte Wasserrad am Westgiebel. Ursprünglich aus Holz, musste es bis heute bereits ein weiteres Mal erneuert werden. Der Verein wählte beim zweiten Mal eine haltbarere Edelstahlkonstruktion. Angetrieben durch das

wohl auch die Mühle gleich mit. Nach dem Brand knapp 200 Jahre später – zu jener Zeit gehörte das Rittergut der Familie Schenk von Winterstedt – ließ sein Besitzer die Mühle umgehend wieder errichten. Somit schuf er die Grundlage dafür, dass es den Standort heute noch gibt, und dass viele Ehrenamtliche für die Instandhaltung und den öffentlichen Zugang sorgen.

Wassermühle Holm
Schierhorner Straße 1
21244 Buchholz
T 04187 / 79 01
www.gmv-buchholz.de

[43] Magisches Feuer im Lehmofen
Café im Schafstall, Wörme

Wasser der Seeve liefert das Rad die nötige Energie, wenn die Mühle zum Mahltag ihre Tore öffnet. Daneben und nahtlos in die Landschaft eingebunden ermöglicht ein Fischpass den Bachbewohnern das problemlose Überwinden des Mühlenwehrs. Im Inneren des Gebäudes sind die Mahlvorrichtungen zu bestaunen.

Auch wenn vermutlich kein einziges Teil der Mühle noch aus ihrer Gründerzeit stammt – die Mühle brannte im Jahr 1757 nieder – kann man die historischen Spuren bis ins Jahr 1567 zurückverfolgen. Der Winsener Amtmann Christoph von Hodenberg errichtete seinerzeit ein Rittergut in Holm und baute

Das Café im Schafstall in Wörme ist grundsätzlich immer gemütlich, aber wenn es draußen stürmt und schneit, ist es noch ein bisschen gemütlicher. Denn wer die Eingangstür aufmacht, wird vom kleinen leuchtenden Ofenfeuer magisch hineingezogen in die behagliche Atmosphäre des ehemaligen Schafstalls. Das Café-Restaurant kommt ohne Schnickschnack aus – die Wände sind wenig geschmückt, an den Seiten stehen noch die Heukrippen der Schnucken. Der Lehmgrundofen gegenüber der

Tür befindet sich mitten im Raum – über Leitungen hinter den Wänden wird der gesamte Schafstall mit Holz geheizt. Im Sommer laden Cafébetreiber Carla Hoffmann und Ekkehard von Hörsten ihre Gäste ein, draußen auf dem weitläufigen Gelände Platz zu nehmen.

Das Café ist auch für viel Einheimische ein Ort, an dem sie nach einem ausgedehnten Spaziergang mit den Hunden im nahe gelegenen Büsenbachtal noch einen Kaffee trinken, bevor es wieder nach Hause geht. Der romantische Büsenbach durchzieht eine hübsche Heidefläche mit Wacholdern, die in einem Waldgebiet liegt. Oft spielen Kinder am Bach oder die Hunde tollen darin herum. Wer die große Runde wählt, sollte für seinen Spaziergang etwa anderthalb Stunden Zeit einplanen. Das Büsenbachtal ist per Heidebahn gut mit öffentlichen Verkehrsmitteln zu erreichen.

Café im Schafstall
Am Büsenbach 35
21 256 Wörme
T 04187 / 10 72
www.cafeschafstall.de

[44] Klein und charmant
Dorf Wörme

Was genau am Dorf Wörme so liebenswürdig ist, ist schwer zu erklären. Vielleicht die Art, wie man hineinfährt: über altes Kopfsteinpflaster, erst unter hohen Bäumen, dann entlang einer Findlingsmauer. Vielleicht ist es auch der Anblick der wenigen, leicht verwunschen liegenden Häuser und Höfe entlang der Straße, vielleicht die Tatsache, dass man selten jemandem auf der Straße begegnet. Oder man mag das Dorf Wörme, weil es der letzte Ort der Ruhe ist, bevor man Richtung Norden auf Buchholz in der Nordheide stößt und wieder in städtisches Leben eintaucht.

Die beiden heute noch bestehenden Höfe vom Dorf Wörme wurden schon im 15. Jahrhundert erwähnt. Zum einen der heutige Demeter-Bauernhof von Hörsten, dessen großes Bauernhaus allerdings wesentlich jünger ist und um 1815 gebaut wurde. Zum anderen der heutige Hof Kröger, der diesen Namen erst seit 1937 trägt. Das Anwesen ist seit 17 Generationen in Familienbesitz und hieß all die Jahre vor der Namensänderung „Ebelings". Der Betrieb hat sich auf Pferdehaltung spezialisiert. Andere historische Gebäude des Hofes werden gastronomisch genutzt. Außerdem befindet sich im Dorf Wörme die älteste private Forellenzucht Norddeutschlands mit angeschlossenem Hofladen. Verschiedene Gaststätten und Restaurants der Region beziehen ihre Forellen von hier.

Wer mit dem Rad ohnehin gerade in der Gegend ist – Wörme gehört zur Gemeinde Handeloh –, sollte einmal hindurchfahren und die Beschaulichkeit des Ortes auf sich wirken lassen. Möglich ist auch, eine Radtour mit einem Stopp der Heidebahn an der Station Büsenbachtal zu beginnen und von dort aus das Naturschutzgebiet Lüneburger Heide zu erkunden oder auf den Seeve-Radwanderweg einzuschwenken.

[45] Der kurze Marsch durchs ganze Weltall
Planetenlehrpfad Handeloh

Ein drei Meter hoher Obelisk, auf dessen Spitze eine gelbe Kugel thront, markiert den Beginn des Planetenlehrpfades in Handeloh. Auf exakt 1.193,2 Kilometern Länge, immer den Timmerloher Weg entlang, können Besucher hier das ganze Weltall von der Sonne bis zum Pluto durchschreiten. Alle Stationen haben, ausgehend von einem Maßstab von 1 : 5 Milliarden, exakt den Abstand untereinander, den auch die Planeten im Sonnensystem haben. So treffen die Wanderer am Timmerloher Weg in rascher Reihenfolge auf Sonne – dargestellt durch den Obelisken –, Merkur, Venus, Erde, Mars, Jupiter und Saturn, bevor dann in etwas größerer Entfernung Uranus, Neptun und auch der Zwergplanet Pluto folgen. Unterwegs geben ansprechend gestaltete Hinweistafeln Informationen über die Planeten wieder.

Die Leser erfahren zum Beispiel, dass die Sonne sich wahrscheinlich zu einem roten Ball aufblähen und die Erde verschlingen wird, wenn ihr Wasserstoffvorrat verbraucht ist. Beruhigend, dass diese Situation noch etwa fünf Milliarden Jahre hin ist. Sie lesen auch, dass die Venus als einziger Planet unseres Sonnensystems entgegengesetzt zum Umlauf um die Sonne rotiert und ein Tag auf der Venus darum fast ein halbes Venusjahr lang ist. Ferner weiß man nach aufmerksamer Lektüre, dass die Existenz des Neptun schon vorhergesagt werden konnte, als Wissenschaftler Bahnstörungen des Uranus berechnet hatten. Entdeckt wurde er schließlich um 1850. Dass der Planetenlehrpfad in

Handeloh steht, liegt an dem dortigen sehr aktiven Arbeitskreis Astronomie, in dem sich astronomisch Interessierte der Umgebung zusammengeschlossen haben. Sie treffen sich zu Beobachtungen und Himmelsspaziergängen, bei denen der aktuelle Sternenhimmel erklärt wird. Vor gut zehn Jahren gestalteten sie den Lehrpfad.

Planetenlehrpfad Handeloh
Arbeitskreis Astronomie
Timmerloher Weg
21 256 Handeloh
www.astronomie-handeloh.de

[46] Ohne Lärm und Hektik
Wehlen

Das (sehr) kleine Heidedörfchen Wehlen besteht im Großen und Ganzen aus einer großzügigen Wegekreuzung und einigen Häusern. In Stein gemeißelte und weiß ausgemalte Buchstaben weisen den Weg nach Wintermoor oder Inzmühlen, Kopfsteinpflaster befestigt die Wege, ein Bauernhaus steht dort, ein paar Hühner laufen herum. Die Abwesenheit von Lärm, das Fehlen von Hektik machen den urigen Ort zu etwas Besonderem. Wer dort ist, ist „der Welt abhanden gekommen", um eine Gedichtzeile von Friedrich Rückert (1788-1866) zu zitieren. Das 21. Jahrhundert ist weit weg. Mit jedem Schritt zwischen Wehlen und Inzmühlen tritt man weiter „aus der Wirklichkeit in die Zeitlosigkeit", beschreibt ein Einheimischer den Zauber des Ortes. Eine Attraktion jedoch hat Wehlen, auch wenn sie nicht zugänglich ist: Wenige hundert Meter südlich des Ortes entspringt das Flüsschen Seeve, das durch den Landkreis Harburg fließt und schließlich in die Elbe mündet. Darum beginnt hier auch der Seeve-Radwanderweg, der in drei Rundtouren zu befahren ist.

Im ersten Ring geht es Richtung Inzmühlen und über Handeloh, das Büsenbachtal und Holm-Seppensen wieder zurück. Der Weg führt durch schöne Auen, Wälder und Heideflächen. Die Seeveaue steht im Zentrum des zweiten Abschnitts, der Radler von Lüllau und Jesteburg durch den Klecker Wald nach Bendestorf und zur Horster Mühle führt. Über Marxen geht es zurück nach Lüllau. Die Mündung der Seeve in die Elbe schließlich ist Thema der dritten Tour. Startpunkt dafür ist die Horster Mühle, die Strecke führt am Rangierbahnhof Maschen und dem Pulvermühlenteich vorbei hoch zur Elbe und durch Waldsiedlungen in Horst und Maschen zurück zur Mühle. Alle Rundtouren sind um die 30 bis 35 Kilometer lang.

www.seeve-radweg.de

[47] Juwel im Wald
Kunststätte Bossard, Jesteburg

Johann Michael Bossard (1874-1950) muss die Abgeschiedenheit geliebt haben. Die heutige Kunststätte Bossard steht auf dem Grundstück, das sich der Künstler im Jahr 1911 kaufte, und das liegt sehr einsam im Wald. Selbst das beschauliche Lüllau befindet sich noch einige Kilometer entfernt. Gerade hier auf einen Kunsttempel, ein Gesamtkunstwerk, auf anspruchsvolle Ausstellungen von Bildern und Skulpturen und eine ausgedehnte Gartenanlage zu treffen, wäre kaum zu erwarten, würden nicht ein guter Ruf und eine hilfreiche Ausschilderung gleichermaßen auf das Kleinod im Wald hinweisen. Bossard stammte aus der Schweiz, sein Studium der Bildhauerei und figürlichen Malerei führte ihn nach Deutschland. 1907 wurde er Lehrer an der staatlichen Kunstgewerbeschule in Hamburg. Angezogen von der Heidelandschaft, ließ er sich in der Nähe von Lüllau-Wiedenhof nieder und begann, aus seinem Wohnort ein Gesamtkunstwerk zu schaffen – gesamt, weil es Bildhauerei und Malerei genauso einbindet wie ungewöhnliche Architektur und Gartengestaltung. Die Kunststätte Bossard ist im Heimatschutzstil erbaut – es wurden also ortsübliche Backsteine verwendet, damit sich die Architektur gut in die bestehende Landschaft einfügte. Bis ins

Detail sind diese Gebäude künstlerisch gestaltet. Das gilt für die bemalten Decken genauso wie für die verzierten Außenwände. Neben dem Wohn- und Atelierhaus sind ein Kunsttempel und ein weiteres kleines Atelier zu besichtigen.

Johann Michael Bossard schuf das alles nicht allein, sondern gemeinsam mit seiner Frau Jutta Krull (1903-1996), eine ehemaligen Schülerin, die er 1926 heiratete. Sie war es, die nach dem Tode des Künstlers 1950 dafür sorgte, dass die Anlage erhalten blieb und 1995 in eine Stiftung überging. Sie selbst starb 1996. Beide Künstler sind in der drei Hektar großen Gartenanlage beigesetzt. Eine Allee aus Monolithen führt zur Grabstätte.

Kunststätte Bossard
Bossardweg 95
21 266 Jesteburg
T 04183 / 51 12
www.bossard.de

[48] Vom Ei zum Küken zum Huhn zum Tiger
Wildpark Lüneburger Heide

Mit sibirischen Tigern ist der Wildpark Lüneburger Heide seit 2010 um eine spektakuläre Attraktion reicher. Er hat sich auf Tierarten nordischer Breiten spezialisiert, und dazu zählt auch der sibirische Tiger. Darüber hinaus befinden sich im Park zahlreiche weitere Tierarten – zu nennen sind beispielsweise Bären, Wölfe, Schneeleoparden, Polarfüchse, aber auch Hirsche, der Fischotter oder Wisente. Insgesamt etwa 1.000 Tiere sind zu sehen. Neben so spektakulären Tierarten wie die sibirischen Tiger vergisst der Park aber auch die kleinen Attraktionen des Lebens nicht: So laufen auch Hühner im Park umher und in einer Ausstellung erfahren die Besucher alles über den Weg vom Ei zum Huhn. Mit etwas Glück können sie sogar ein Küken schlüpfen sehen. Sehenswert ist auch die Greifvogelvorführung der Falkner, die Fischotterfütterung sowie der Wolfsvortrag am Wolfsgehege.

Wildpark Lüneburger Heide
Wildpark 1
21 271 Nindorf-Hanstedt
T 04184 / 893 90
www.wild-park.de

[49] Luther weist den Weg
Philosophischer Steingarten

Dort, wo von der Hauptstraße aus eine auffällige Skulptur zu sehen ist, befindet sich der Philosophische Steingarten – mitten in Egestorf. Das Denkmal stellt Martin Luther dar. Herausragend ist die dynamische Darstellung des jungen Reformators. Er befindet sich auf dem alten Friedhof der Gemeinde und weist den Weg zu einem kleinen, aber interessanten Fleckchen mit einer schönen alten Baumallee und zahlreichen Steinskulpturen mit philosophischem Hintergrund.

In der Nähe, auf der anderen Seite der Dorfstraße, befindet sich die St.-Stephanus-Kirche, die ebenfalls einen Abstecher wert ist. Es handelt sich um einen Fachwerkbau auf einem Feldsteinsockel aus dem Jahre 1645. Besonders ist der hölzerne Glockenturm, der vom Kirchengebäude durch einen kleinen Fußweg getrennt ist. An der Rückseite des Gebäudes trifft der Besucher noch einmal auf Martin Luther – hier in Form einer Reliefplatte, die den Reformator in konventioneller Darstellung zeigt.

Philosophischer Steingarten
Alte Dorfstraße
21 272 Egestorf

St.-Stephanus-Kirche
Sudermühler Weg 1
21 272 Egestorf
T 04175 / 468 (Pfarramt)

[50] Abenteuer für nackte Füße
Barfußpark Egestorf

Wer glaubt, barfuß durch Glasscherben zu gehen sei schlimm, der ist noch niemals mit bloßen Füßen über trockenes, pieksendes Heidekraut spaziert. Beides – und vieles mehr – können Besucher im Barfußpark Egestorf ausprobieren. Am Rande des Naturschutzgebietes Lüneburger Heide gelegen, bietet die rund 14 Hektar große Anlage Sinneserlebnisse, die gerade Kinder in ihrem Alltag heutzutage vielleicht kaum noch erfahren können: Barfuß laufen, den Boden und die Natur buchstäblich spüren. Im matschigen Moorschlamm herumspringen, über Fichtenzweige balancieren, Sand und Wasser aufwühlen, über unebene Zapfenbeläge klettern. Der Gleichgewichtssinn wird an der knapp drei Kilometer langen Strecke, die meist durch Mischwald, aber auch über eine Wiese führt, bei mehreren Balancierstationen geschult. Auch Geruchs- und Tastsinn kommen nicht zu kurz: Im Kräutergarten und mit kleinen Geheimnissen in verschiedenen Tastkästen probieren Alt und Jung, was sie erkennen und erraten können.

Im Jahr 2009 setzte der Dithmarscher Eigentümer Jan Peters seine Idee eines Barfußparks in die Realität um. Zehn Jahre lang waren Vorstellungen dazu in seinem Kopf herumgespukt, hatte er nach einem geeigneten Standort gesucht. Vorbild war für ihn ein ähnlicher Park in Süddeutschland. Das Gelände in Egestorf gefiel ihm und so entschloss er sich zur Investition. Wer rund um den Barfußparkbesuch einen ganzen Tag verplanen möchte, kann das in unmittelbarer Nähe tun. Zum einen ist es möglich, im Barfußpark in Eigenregie zu picknicken, zum anderen befindet sich gleich nebenan das Naturerlebnisbad Aquadies mit Wasserlandschaft, Schwimm- und Sportmöglichkeiten und einem Spielbach für die Kleinen.

Barfußpark Egestorf
Ahornweg 9
21 272 Egestorf
T 04175/1423
www.barfusspark-egestorf.de

[51] Heimliche Herrscher
Ameisen-Erlebnis-Ausstellung

Ehrfurchtsvoll nennt Jörg Beck seine Schützlinge die „heimlichen Herrscher der Welt". Er ist fasziniert von Ameisen und zeigt im Haus der Natur in Döhle eine Erlebnis-Ausstellung über und mit seinen kleinen Herrschern. Was er zu erzählen hat, ist beeindruckend: So kann zum Beispiel ein großes Ameisenvolk bis zu 100.000 Beutetiere pro Tag ins Nest schaffen. Und: Alle Ameisen auf der Erde wiegen mehr als alle Menschen auf der Welt!

Im Haus der Natur haben Jörg Beck und die Mitglieder des Fördervereins Deutsches Ameisen-Erlebnis-Zentrum e.V. inmitten einer Ameisenausstellung ein sogenanntes Formicarium platziert – ein „Terrarium für Ameisen". Rund 8.000 bis 10.000 Tiere leben darin. Während dem „Ameisenkönig" Jörg Beck die Krabbeltiere über die Hände laufen, können Besucher allerhand Wissenswertes über Vorkommen, Verhalten und Lebensgewohnheiten der Tiere erfahren. Ein Riecherlebnis der besonderen Art liefert der „Ameisenvater" ebenfalls: Wenn die Ameisen gestört werden, geben sie Ameisensäure zur Verteidigung ab. Die hat Jörg Beck auf einem Tuch gesammelt. Aber bitte nur vorsichtig daran schnuppern.

Haus der Natur
Dorfstraße 38
21 272 Egestorf-Döhle
T 05195 / 7264
www.ameisenzentrum.de

[52] Farbenspiele unter Wasser
Schwindequelle

Unweit der lang gezogenen Schwindebecker Heide am westlichen Rande des Landkreises Lüneburg entspringt mit der zweitgrößten Quelle in Niedersachsen die Schwinde. Schon seit 1936 steht die Quelle, die auf einer Wasserfläche von 30 Quadratmetern aus dem Boden kommt, unter Naturschutz. Aufgrund des hohen Eisengehalts befinden sich am Grund des kristallklaren, rund neun Grad kalten Wassers rostrote Ablagerungen, doch je nach Jahreszeit und Licht sind weitere interessante Farbenspiele zu sehen. Ein Spaziergang von der Quelle aus führt durch dichten Kiefernforst, den schmalen Strang der Heidefläche entlang und über einen Rundweg zurück – ein angenehmer Zeitvertreib für einen Sonntagnachmittag. Angrenzend befinden sich weitere kleine Heidegebiete.

Noch in jüngster Vergangenheit sah hier vieles anders aus, denn von Beginn der 1960er Jahre an und bis 1994 rollten Panzer durch die Schwindebecker Heide. Sie lag im Gebiet des Soltau-Lüneburg-Abkommens (SLA), das den Alliierten zwischen 1963 und 1994 Panzerübungsrechte außerhalb von Truppenübungsplätzen einräumte. Insbesondere britische Truppen – zunächst auch Kanadier – nutzten

Teile des Naturschutzgebiets Lüneburger Heide für ihren militärischen Manöverbetrieb. Schon vorher, von 1946 bis 1958, hatten die Briten und Kanadier das Gelände bei Schwindebeck als Schießplatz genutzt. Insgesamt probten die alliierten Truppen im Rahmen des SLA in einem Gebiet von 34.500 Hektar

in der Lüneburger Heide den Ernstfall und hinterließen teils eine von Panzerspuren durchfurchte Mondlandschaft. Erst im Zuge der Ost-West-Entspannung wurde das Soltau-Lüneburg-Abkommen außer Kraft gesetzt und zahlreiche Militärangehörige verließen die Heide. Nach und nach gestaltete man die Gebiete wieder zu wertvollen Naturflächen, ein Prozess, der bis heute andauert. Die Schwindebecker Heide wurde in den Jahren 1997 bis 1999 renaturiert.

Schwindequelle
In Schwindebeck bei 21 388 Soderstorf

[53] Wandern durch einsame Natur
Lopautal

Am Rande des Truppenübungsplatzes Munster Nord und gut über den Ort Wulfsode zu erreichen beginnt die Lopau, sich durch die Landschaft nach Norden zu schlängeln. Die Quellen des Heideflüsschens liegen auf dem Truppenübungsplatz. Das einsame Gebiet entlang des Flusses ist wunderschön für ausgedehnte Spaziergänge und bietet einen ruhigen Gegenpol zum Lopausee weiter nördlich.

Die Lopau, urspünglich eine eiszeitliche Abschmelzrinne, ist lediglich 12,7 Kilometer lang und ein Nebenfluss der Luhe. Sie verbindet sich unterwegs mit der Ehlbeck, bevor sie bei Amelinghausen zum Lopausee aufgestaut wird. Während dieser touristisch genutzt wird – Boote, Hochseilgarten, Gastronomie, Möglichkeiten zum Schwimmen – wird an der Lopau selbst Wert auf die Naturbelassenheit gelegt. Frühere Stauwehre zur Wiesenbewässerung sind verfallen und Erlenbruchwälder erobern das Areal. Schwarzstörche und Eisvögel brüten am Oberlauf. Teilweise weist der Flussverlauf, der durch das dichte Waldgebiet Raubkammer führt, eine ausgeprägte Talform auf, so dass es richtige Steilhänge gibt.

Die Raubkammer ist das älteste Waldgebiet der Heideregion. Es wurde von den Rodungen für die Salinen in Lüneburg verschont. Der Wald erstreckt sich zum größten Teil über den Truppenübungsplatz. Woher der Name Raubkammer stammt, darüber gibt es heute verschiedene Theorien, wirklich nachvollziehbar ist die Namensgebung jedoch nicht mehr.

Eng verbunden ist das Waldgebiet mit der Mittelalter-Sage des Raubritters Moritz von Zahrenhusen (Tzarenhusen). Er soll auf der Burg Bockum nahe Amelinghausen gewohnt und sich einen Spaß daraus gemacht haben, Handelsleute auf ihrem Weg durch die Heide zu überfallen. Das wurde dem wilden Ritter eines Tages zum Verhängnis, denn ein Kaufmann, der seine Waffe mit einem silbernen Knopf geladen hatte, schoss ihm bei einem Überfall mitten ins Herz. Viel mehr als eine Sage ist diese Geschichte wohl nicht. Fest steht immerhin, dass Tzarenhusen den ersten größeren Hof des Ortes Bockum gründete. Die Raubrittergeschichte dürfte eher der Tatsache geschuldet sein, dass die Handelsstraße im Mittelalter zwischen Lüneburg und Soltau wegen Plündereien durch entlassene Söldner gefürchtet war.

Lopautal
29 565 Wulfsode

[54] Grabtourismus am Luheufer
Oldendorfer Totenstatt

Unweit des Heideblütenortes Amelinghausen und nah am Ufer der Luhe befindet sich die Oldendorfer Totenstatt. Obwohl – oder gerade weil – es hier und in der Umgebung vor historischen Großsteingräbern, Grabhügeln und sogar Urnenfriedhöfen nur so wimmelt, ist das Gelände wunderschönes Naherholungsgebiet, das mit seiner Heidestruktur und dem Band der Luhe auch für einen schlichten Spaziergang taugt.

Für jene, die mehr über die Region erfahren wollen, bietet das Areal mit seinen drei Großsteingräbern und den drei Grabhügeln einen informativen Einblick in die Frühgeschichte der Region. Die Hügel stammen aus der späten Jungsteinzeit und der Bronzezeit. Weitere Grabstellen, die auf andere Epochen schließen lassen, wurden noch nicht umfassend untersucht. Fakt ist jedoch, dass hier eine rund 4000 Jahre andauernde Bestattungszeit zu entdecken ist.

Erwähnt sei das älteste der in der Oldendorfer Totenstatt befindlichen Gräber, das Grab III. Das Hünenbett ist 60 Meter lang und sieben Meter breit. Innerhalb des von Findlingen eingefassten Damms muss einst eine hölzerne Grabkammer gewesen sein.

Das wohl imposantestes Grab ist das mit der Nummer IV. Es wird vermutet, dass ursprünglich 108 Findlinge die Bestattungsstätte gesäumt haben. Die Grabkammer bestand aus fünf Jochen – ein Joch sind zwei Tragsteine und ein darüber liegender weiterer Stein. Bemerkenswert ist, dass in diesem Grab Angehörige zeitlich nacheinander liegender Kulturen beigesetzt wurden. Archäologen fanden in Schichten voneinander abgegrenzt Gegenstände der Trichterbecherkultur, der Kugelamphoren-Kultur und der Einzelgrabkultur.

Entlang der Luhe führt ein Wanderweg von rund anderthalb Kilometern zum Archäologischen Museum in Oldendorf. Dort geht die Reise in die Steinzeit weiter. Die Dauerausstellung „Wohnungen für die Ewigkeit – 5700 Jahre Oldendorfer Totenstatt" mit Fundstücken aus den Gräbern will auch Alltagsfragen beantworten: Wie schafften die Urmenschen es, die riesigen Steine zu bewegen, wie stellten sie Werkzeug her?

Odendorfer Totenstatt
Archäologisches Museum
Amelinghauser Straße 16b
21 385 Oldendorf/Luhe
T 04132/93 31 23
www.oldendorf-luhe.de/museum

[55] Gleich drei Dinge auf einmal
Marxener Paradies

Das Marxener Paradies gehört zu den unspektakulären kleinen Orten in der Lüneburger Heide, die einfach nur hübsch sind. Hier können Besucher die drei wichtigen Landschaften der Lüneburger Heide in Miniatur betrachten: Die Heide selbst, einen schönen Wald und einen See, der stellvertretend für Moore und Feuchtgebiete der Region stehen soll. Ein kurzer Fußmarsch auf einem Feldweg bald hinter dem Ortsausgang Marxen am Berge, und schon eröffnet sich der Blick auf ein tiefes Tal, an dessen gegenüberliegender Seite oben auf dem steilen Hang ein Wäldchen beginnt. Was am Hang zunächst so aussieht wie eine besondere Grabsteinkomposition, entpuppt sich bei näherem Hinsehen als eine einfache Sitzgelegenheit aus Holz mit einzelnen Lehnen. Ähnlich kreativ gesägte Bänke befinden sich auch am Rande des Wäldchens, so dass sich hier der vollkommene Ort für ein kleines Picknick befindet. Zahlreiche verliebte Paare und Freunde haben sich in den Rinden der Buchen verewigt. Der Blick auf die kleine Wiese im Tal ist nett und friedlich. Vom Feldweg aus linke Hand liegt die

kleine Heidefläche mit ihrem dichten Wacholderbestand, rechts befindet sich ein vor mehr als 100 Jahren angelegter See. Alles zusammengenommen und noch die ungestörte Ruhe der Natur hinzugefügt, kommt das kleine Tal tatsächlich paradiesisch daher. Es ist auch durch einen Rundweg erschlossen, immer mit Blick auf die schöne Senke, die vermutlich durch einen Fluss in der Eiszeit geformt wurde. Auf dem Pfad sind einige Höhenmeter zu überwinden. Da er aber nur etwa einen Kilometer lang ist, ist er auch für Ungeübte leicht zu schaffen.

Marxener Paradies
Marxen am Berge
21 385 Amelinghausen

[56] Mächtige Kirche für kleine Gemeinde
Dom zu Bardowick

Die Samtgemeinde Bardowick hat rund 16.000 Einwohner, aber eine Kirche, wie sie eigentlich nur in Großstädten zu finden ist. Kein Wunder, dass die ehemalige Stiftskirche St. Petri et Pauli kurz „Dom zu Bardowick" genannt wird, auch wenn bisher nicht geklärt ist, ob sie jemals als Bischofssitz genutzt wurde. Ebenso wenig weiß man gesichert, wer für den Bau des mächtigen Gebäudes verantwortlich zeichnete.

Erste Erwähnungen gibt es in einer Urkunde aus dem Jahr 1146. Das monumentale Backsteingebäude wurde aufgrund von Zerstörungen durch Heinrich den Löwen im 12. Jahrhundert und rund 200 Jahre später durch Beschädigungen im Lüneburger Erbfolgekrieg mehrfach verändert, in seinen Grundzügen sieht es jedoch jetzt noch so aus wie im 15. Jahrhundert. In jener Zeit wurden auch die für die Größe des Doms relativ niedrigen achteckigen Türme aus Backstein erbaut, deren Unterbau aus Kalksteinquadern noch aus dem 12. Jahrhundert stammt.

Besonders Beachtenswertes existiert im Inneren der dreischiffigen Hallenkirche mit ihrem hellen, lang gestreckten Chor, in der der beeindruckende Marienaltar ins rechte Licht gerückt wird. Zu nennen ist unter anderem das Taufbecken aus dem Jahr 1367, das nach heutigem Erkenntnisstand in Lüneburg gegossen wurde und das älteste Stück der Kirche darstellt. Ebenfalls prächtig durch minutiöse Schnitzereien ist das große, vollständig erhaltene Chorgestühl mit Heiligendarstellungen, wohl ebenfalls eine Lüneburger Arbeit aus den Jahren 1486 und 1487.

Im Dom gibt es nach wie vor regelmäßig Gottesdienste. Die evangelische Peter-und-Paul-Gemeinde nutzt das mächtige Gotteshaus auch für Konzerte und Kunstausstellungen. Im ehemaligen Kapitelsaal finden Jugendtreffs statt.

Stiftskirche St. Peter und Paul
Beim Dom 9
21 357 Bardowick
T 04131 / 12 11 43
www.bardowick.de

[57] Verträumtes Areal mit sozialer Geschichte
St. Nikolaihof, Bardowick

Wer durch die hübschen Anlagen des Nikolaihofs in Bardowick streift und Bewohner der kleinen Fachwerk- und Backsteinhäuschen an der Kapelle nach Hause kommen sieht, der kann nur denken: Hier möchte ich auch wohnen! Das Areal besteht neben der Kapelle aus verschiedenen Einzelhäusern. Hinter dem Gotteshaus schließt sich ein Eichenwäldchen an, das am Ufer der Ilmenau endet. Die Frage, wie es zu diesem Ensemble aus Kapelle und acht weiteren Häusern gekommen ist, welche Geschichte dahinter steht, drängt sich geradezu auf. Auch die Historie ist überaus sympathisch, denn seit dem Mittelalter werden die Wohn- und Wirtschaftsgebäude, die im 14. bis 18. Jahrhundert erbaut wurden, als soziale Einrichtung genutzt. Erstmals erwähnt wurde dort ein Hospital im Jahr 1251. Im 13. und 14. Jahrhundert brachte die Stadt Lüneburg Leprakranke dort unter. Seinerzeit lag das Gelände weit außerhalb der Lüneburger Stadtmauern. So versuchte man, die Ansteckungsgefahr für die Stadtbewohner zu minimieren. Später, etwa im 15. Jahrhundert, fungierten die existierenden Gebäude als Altenheim für Lüneburger Bürger, die sich dort einkaufen konnten. Heutzutage befinden sich im Alten Männerhaus Sozialwohnungen, in anderen Gebäuden auch Privatwohnungen.

Was den St. Nikolaihof zu etwas Besonderem macht und ihm seinen verträumten Charakter gibt, ist, dass er fast vollständig erhalten geblieben ist. Zwar fehlen die Zäune der Gründerzeit, doch die Grenzen des Geländes sind immer noch gut zu erkennen. In den Häusern befindet sich Jahrhunderte altes Gebälk. So ist beispielsweise der Dachstuhl des Alten Männerhauses vollstän-

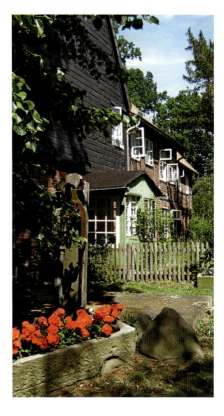

[58] Eine Prise Salz gefällig?
Hansestadt Lüneburg

Noch heute zehrt die Hansestadt Lüneburg in der nördlichen Lüneburger Heide von ihrer salzigen Vergangenheit. Das „weiße Gold" machte die Stadt besonders im 15. und 16. Jahrhundert reich. Die stolze Backsteingotik überall in der Innenstadt kündet immer noch davon. Und an einem weiteren Phänomen lässt sich die Salzförderung ablesen: nachgebender Untergrund. Die westliche Altstadt liegt direkt über dem Salzstock und hat sich im Laufe der Jahrhunderte auf etwa einem Quadratkilometer deutlich sichtbar abgesenkt. Neben dem Blick nach unten lohnt in Lüneburg aber auch ein Blick nach oben: Die Häuser besitzen oft kunstvoll geschnitzte und bemalte Giebel. Vorzeigeareal dafür ist die Obere Ohlingerstraße. Und auch im Rathaus begegnen dem Besucher meisterhafte Holz- und Malerarbeiten aus verschiedenen Epochen. Diese verschiedenen Stile entstanden, weil das Rathaus immer wieder um neue Bauten erweitert wurde. Noch heute tagen die Stadträte in dem historischen Ambiente.

Wer auf den Spuren des Salzes wandeln möchte, hat mehrere Möglichkeiten. Er besucht das Deutsche Salzmuseum und bildet sich, oder er geht in die Salztherme Lüneburg und springt einfach hinein. Weni-

dig erhalten geblieben und kann auf das Jahr 1316 datiert werden. Kein Wunder also, dass die Stadt Lüneburg und der Flecken Bardowick dieses Kleinod mittelalterlicher Backsteinarchitektur erhalten wollen. Teile des Frauenhauses (zwei Kammern und die Küche) sind bereits der Öffentlichkeit zugänglich, auch die Kirche, die als Gotteshaus genutzt wird, kann angesehen werden. Andere Bereiche, wie beispielsweise die Kapelle und das Alte und Neue Männerhaus, müssen erst noch saniert werden, bevor sie für die Besucher geöffnet werden können.

St. Nikolaihof
21 357 Bardowick

ger Aktive können im Kurpark vor dem Gradierwerk sitzen und tief die salzige Luft einatmen, die entsteht, weil die Sole durch die dichten Äste an den Wänden hinunterläuft und feinen Nebel versprüht.

Lüneburg ist die perfekte Stadt für einen Einkaufsbummel. In den vielen Gassen der Altstadt befinden sich zahlreiche kleine Läden mit individuellem Flair und ausgesuchten Angeboten. Ein Abstecher in die Gewürzmanufaktur in der Lünertorstraße ist für alle passionierten Köche mit ausgefallenen Ideen genau das Richtige. Süße Genießer sollten sich in der Schokoladenmanufaktur Am Sande 45 mit einigen Pralinés eindecken. Lokalmatador dort ist die „PraLüne", die Lüneburger Salzpraline.

Lüneburg Marketing GmbH
Rathaus/Am Markt
21 335 Lüneburg
T 0800 / 220 50-05
www.lueneburg.de

IM SÜDOSTEN
Landkreise Celle, Gifhorn und Uelzen

[59] Ruhepole am Fluss
Skulpturenpfad Bienenbüttel

Sie gehen gemütlich an der Ilmenau bei Bienenbüttel spazieren und dann, plötzlich, fühlen Sie sich beobachtet? Tatsächlich: Dort, auf der anderen Seite des Flusses stehen vier Hingucker. Es handelt sich um Skulpturen, die die Bewegungen des Flusses symbolisieren: Strudeln, gemütliches Plätschern, Strömen, dynamisches Fließen. Die vier steinernen Hingucker sind Teil des Skulpturenpfades Bienenbüttel, der vom Kanuanleger aus auf 4,5 Kilometern Länge das Ufer der Ilmenau säumt. Die Künstlerin Gisela Milse, immer inspiriert und fasziniert vom Element Wasser, hat das Quartett entworfen. Insgesamt sind es zwölf Objekte, die den Spaziergängern den Weg weisen.

Der Skulpturenpfad ist eine Gemeinschaftsarbeit von der Gemeinde Bienenbüttel und elf Künstlern und außerdem der erste Teil des Projekts „Kunstraum Ilmenau". 2009 wurde das erste Objekt am Flussufer installiert. Anliegen der Beteiligten ist es, Fluss und Ufer als Erlebnisraum erfahrbar zu machen und die Eigenschaften der Umwelt zu stärken.

Das funktioniert gut, denn der Passant bleibt an den Kunstwerken stehen, betrachtet sie und nimmt auch die direkte Umgebung neu und bewusster wahr. Gutes Beispiel ist wiederum eine Skulptur der Künstlerin Gisela Milse: Die Flusswächterin, eine steinerne Frauengestalt, ist in ihrem Zentrum mit einer Öffnung versehen, die einen neuen Blickwinkel auf die Ilmenau ermöglicht. Interessant ist, wie sehr alle Kunstwerke – jedes einzelne von ihnen – in sich ruhen und Ruhe nach außen abgeben. Sie erden dadurch auch den Betrachter, der sich auf das Hier und Jetzt konzentriert und nicht mehr an anstrengende Arbeitstage in der Zukunft oder in der Vergangenheit denkt.

Skulpturenpfad Bienenbüttel
Start Kanuanleger / Ilmenauhalle
29553 Bienenbüttel
T 05823 / 980 00 (Gemeinde Bienenbüttel)
www.kunstraum-ilmenau.de

[60] Entzückende Motorenklänge auf Hof Scharnhop
Heimat- und Treckermuseum

Jürgen Scharnhop fachsimpelt gerne. Wer sein Treckermuseum besucht und selbst vom Fach ist, der wird mit Jürgen Scharnhop gut und gerne ein Stündchen oder länger verbringen können. Denn 40 alte Traktoren von elf bis 55 PS hat der ehemalige Landwirt in den Hallen stehen – und damit nicht genug. Einige Feuerwehrgeräte aus den umliegenden Dörfern stellt er aus, eine Straßenwalze, einen Stationärmotor und allerlei landwirtschaftliche Maschinen sowie alte Werkzeuge, Haushaltsgeräte und Mopeds.

Herzstück der Ausstellung und Herzensangelegenheit des Sammlers bleiben jedoch die Trecker. Alle hat er auf Vordermann gebracht, repariert und poliert. Szenen seiner Kindheit spulen sich vor seinem inneren Auge ab, wenn er den Klang eines 55 PS Lanz Bulldog Baujahr 1938 hört. Genau dieses Motorengeräusch war es, das ihn dazu brachte, alte Trecker und Landmaschinen zu sammeln und sie für die Nachwelt zu erhalten. Er hörte das typische Geräusch 1983 bei einem

Treckerkräftemessen im Nachbarort und fasste den spontanen Entschluss zu sammeln. Auch heute startet er den Lanz gerne, wenn Besucher es möchten. Er wird zehn Minuten vorgeheizt und dann über das Lenkrad in Gang gebracht.

Inzwischen hat sich viel angesammelt. Menschen wussten, welch sperrige Objekte Jürgen Scharnhop auf seinem Hof – übrigens seit 1450 in Familienbesitz - mit so großer Liebe sammelte und restaurierte, und so bekam er alte Trecker, Hausrat und andere Maschinen geschenkt. Fast seine ganzen Hofgebäude sind inzwischen Ausstellungsgelände. Besucher können sich in den Scheunen auf eigene Faust bewegen und alles ansehen. Wenn Jürgen Scharnhop Zeit hat, kommt er dazu – weil er so gerne ein Pläuschchen hält.

Heimat- und Treckermuseum
Hof Scharnhop
Niendorf I, Nr. 2
29591 Römstedt
T 05807/248
www.hof-scharnhop.de

[61] Das Schloss unter den Heideklöstern
Kloster Medingen

Eine Konventualin im Kloster Walsrode brachte es einmal auf den Punkt: „Das Kloster Medingen, das ist unser Schloss." Zu verdanken hat das Damenstift bei Bad Bevensen diesen schönen inoffiziellen Titel einem verheerenden Brand im Jahre 1781. Große Gebäudeteile wurden dabei zerstört. Bis 1787 wurde das Kloster wieder aufgebaut, allerdings nicht im Stile der ursprünglichen Backsteingotik, sondern im frühklassizistischen Stil. Während also die anderen fünf Heideklöster Lüne, Ebstorf, Isenhagen, Wienhausen und Walsrode nach wie vor Backsteinoptik aufweisen, beeindruckt das Kloster Medingen durch einen geradlinigen, imposanten Kirchturm in der Mitte der Anlage und einfarbig verputzte Gebäudeflügel. Die Kirche im Inneren ist hell und ausgeglichen gestaltet. Aus einer kreisrunden Empore, die über dem Altar zurückgezogen ist, ragt die Kanzel hervor. Die Atmosphäre wirkt selbstbewusst und doch zurückhaltend und beruhigend.

Wie in den anderen Heideklöstern auch, wohnen im Kloster Medingen alleinstehende Damen evangelischen Glaubens. Sie alle haben eigene Wohnungen und ein Stück Garten. Die Frauen kommen meist als Witwen oder Geschiedene ins

Kloster Medingen, sie müssen nicht ledig gewesen sein. Wer einzieht, schätzt die kulturelle Atmosphäre und das Gefühl der Geborgenheit. Obwohl es sich quasi um eine Lebensgemeinschaft handelt, hat jede Bewohnerin ihre persönlichen Freiheiten und ist für sich selbst verantwortlich. Das bedeutet am Ende auch, dass Pflegedürftige nicht von den anderen Damen versorgt werden. In der Regel wechseln sie in ein Heim.

Es sind die Stiftsdamen selbst, die den Besuchern das Haus und das Gelände zeigen – Informationen gibt es bei einer Führung also aus allererster Hand.

Kloster Medingen
Klosterweg 1
29549 Bad Bevensen
T 05821/2286
www.kloster-medingen.de

[62] Sammeln aus Tradition
Museum Schliekau, Bad Bevensen

Rudolf Schliekau war Maschineningenieur und als solcher kam er in der ganzen Welt herum. Er sammelte Erinnerungen in Europa, Afrika, Amerika und Asien. Es waren so viele, dass das zunächst noch kleine Haus, in dem die Sammlung seit den 1930er Jahren zu besichtigen war, nicht ausreichte. 1959, als sein Sohn Rudolf Schliekau jun. das Gebäude vergrößerte, brauchte es zehn Räume, um sie auszustellen. Heute ist es Jürgen Schliekau jun., der sich mit Hingabe um die Exponate seines Urgroßvaters – und um alles, was Großvater und Vater noch hinzufügten – kümmert. Das Museum im Zentrum von Bad Bevensen ist heute gut aufgearbeitet, gliedert sich in die Räume Vorgeschichte, Naturgeschichte, Handwerk, Bevensen, Waffen und viele weitere Fachgebiete.

Da Jürgen Schliekau zu fast allen Exponaten eine Geschichte aus dem Ärmel schüttelt, ist jede Führung ein Feuerwerk an interessanten Informationen. Der Schriftsetzermeister grübelt, wie er noch mehr Platz schaffen kann, denn zahlreiche Ausstellungsstücke sind noch eingelagert. Schon jetzt ist seine Sammlung eine der umfangreichsten Privatsammlungen Deutschlands. Ungeachtet dessen

arbeitet er an der Erweiterung der Ausstellung: Er restauriert alte Druck- und Setzmaschinen, um – wie die Generationen vor ihm – ebenfalls seinen Teil zum Schliekauschen Museum beizutragen.

Museum Schliekau
Kurze Straße 4
29549 Bad Bevensen
T 05821/570
www.bad-bevensen-tourismus.de

[63] Hören mit Haut und Haar
Garten der Sinne,
Bad Bevensen

Als langjähriger Kurort kommt Bad Bevensen sehr aufgeräumt daher: Eine schnuckelige Fußgängerzone mit kleine Geschäften und Konditoreien führt über den Fluss Ilmenau in den gepflegten Kurpark mit seinem alten, teils exotischen Baumbestand und den sorgfältig angelegten Rabatten. Doch Obacht: Hier warten allerlei Überraschungen auf die Besucher. Der Garten der Sinne gehört zu den kleinen beeindruckenden Attraktionen am Wegesrand. Hier kann der Mensch seine Sinne bewusst erleben: Im Spiegelkaleidoskop beispielsweise entdeckt er seinen Körper neu – als Summe von Teilen und aus vielen Perspektiven. Spannend ist auch der kleine Summstein: Hören, so spürt man dort, geschieht auch über Haut und Körper.

Am Rande des Kurparks beeindruckt eine Sonnenuhr die Besucher. Sie ist eine der größten Europas und begehbar. Sie hält neben der Zeitmessung eine Fülle von Informationen bereit, die Auskunft über Datum, Jahreszeit, Geografie

und Astronomie geben. Wer keine Muße hat, sich die Funktionen der Uhr zu erschließen, wird trotzdem beeindruckt sein: Der 16 Meter hohe Schattenmast allein lässt staunen, und die meteorologischen Abmessungen auf der Uhr erzielen ihre Wirkung auch, ohne dass man sie versteht.

Kurpark und Jod-Sole-Therme
29 549 Bad Bevensen
T 05821 / 570
www.bad-bevensen-tourismus.de

[64] Wellness vom Feinsten
Jod-Sole-Therme, Bad Bevensen

Dass Arbeiter im Jahr 1964 auf der Suche nach Erdöl bei Bevensen auf eine Solequelle stießen, war purer Zufall. Heute prägt dieser Glücksfund die gesamte Stadt: Bevensen begann 1968 mit dem Kurbetrieb, wurde 1975 anerkanntes Heilbad und ist seit 1976 „Bad" Bevensen. Herzstück des Kurbetriebs ist die Jod-Sole-Therme. Die Sole stammte allerdings von Anfang an nicht aus der ursprünglich entdeckten Quelle, da diese etwas außerhalb lag. Nach geologischen Gutachten begann man 1967 mit Bohrungen neben dem heutigen Kurzentrum und wurde dort 1968 fündig. Bis heute stammt die Sole aus dieser Quelle.

Seit das Kurbad in Betrieb ist, wurde es kontinuierlich modernisiert, so dass es heute keinerlei Wellness-Wünsche offen lässt. In Frei- und Hallenbecken mit allerlei Strudeln und Raffinessen, einer modernen Saunalandschaft, einem Spa und Vital Center mit einem umfangreichen Angebot an Massagen und Heilerde-Anwendungen können Besucher ihrem Körper Gutes tun. Entspannung finden Körper und Seele besonders im stimmungsvollen Ruheraum mit einer Wasser-Licht-Projektion und im Bad unterm „Sternenhimmel".

[65] Kleine Kirche fürs Herz
Burgkapelle Gollern

Ein Dorf an sich ist klein, das sagt schon der Begriff. Das Dorf Gollern ist sehr klein – dennoch lohnt es sich hinzufahren, denn die Burgkapelle dort ist ausnehmend hübsch. Außen eine Kombination aus Back- und Feldsteinbau mit einem Fachwerkturm, innen ein sehr harmonisches Ensemble aus dunklem Deckenholz, weißen Wänden und der Einrichtung mit Gestühl, Altar und Kanzel in leuchtendem Türkis. Sitzbänke, Teppich und die Bemalung der Renaissance-Kanzel setzen in Rot die richtigen Akzente, um diese kleine Kirche sofort ins Herz zu schließen.
Der Altar ist an drei Seiten von einer kleinen Balustrade umgeben, die fast wie ein Balkon wirkt. Bemerkenswert ist, dass man um ihn herumgehen kann – und an der barocken Altar-Rückseite ein Kruzifix entdeckt. Das Kreuz ist eines der ältesten Stücke in dieser Kirche, die ursprünglich etwa im 13. Jahrhundert erbaut wurde. Von dem dazugehörigen ritterlichen Hof, der in Urkunden manchmal als Burg benannt wird und der sich in unmittelbarer Nachbarschaft der Kirche befunden haben muss, ist nichts mehr zu sehen. Gleichwohl ist das 100-Seelen-Dorf Gollern bis heute durch seine landwirtschaftlichen Betriebe geprägt.

Burgkapelle Gollern
29 549 Bad Bevensen
T 05821 / 570
www.bad-bevensen-tourismus.de

[66] Linda und Konsorten
Kartoffelladen, Barum

Sie heißen „Blaue Anneliese", „Skerry Blue" oder schlicht „Rosemarie". Noch mag man grübeln, was sich hinter diesen Namen verbirgt, aber wer dann noch „Linda" hört, weiß: Es handelt sich um Kartoffelsorten, und die beliebte „Linda" ist der Star unter ihnen. Bioland-Landwirt Karsten Ellenberg züchtet Sorten wie diese, die sich durch eine große Farben- und Geschmacksvielfalt auszeichnen. Durch und durch lila ist die „Blaue Anneliese". „Skerry Blue" beschränkt sich auf eine blaue Schale rund um das gelbe Fleisch. Und „Rosemarie" kommt – wie sollte es anders sein – in zartrosa daher.

Im Kartoffelladen in Barum schneiden die Mitarbeiter die Erdknollen gerne durch, um zu beweisen, dass Kartoffeln nicht gelb sein müssen. Der Laden ist ein spannender Ort für jene, die beim Kochen gerne experimentieren. Jede Kartoffel hat ihren eigenen Geschmack, der mal als cremig, mal als würzig, mal als speckig zu benennen ist. Landwirt Ellenberg, der selbst an vorderster Front dafür kämpfte, dass Linda vor einigen Jahren nach einem juristischen Streit wieder eine Sortenzulassung in Deutschland bekam, züchtet Kartoffeln für den biologischen Anbau und stellt sie als Pflanzgut bereit. Er möchte die Vielfalt der leckeren Kulturpflanze erhalten, die in der industriellen Landwirtschaft der heutigen Zeit zu verschwinden droht.

Ellenbergs Kartoffelvielfalt
Ebstorfer Straße 1
29 576 Barum
T 05806 / 304
www.kartoffelvielfalt.de

Heidjer-Tipp!
[67] Zum Stricken schön
Wiesencafé Hof Haram

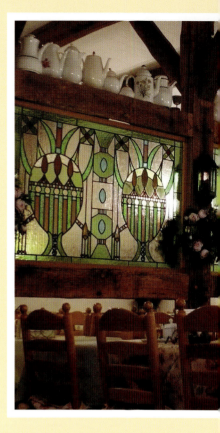

A. Meyerhoff, Wichmannsburg:
„Wir stricken hier immer, und der besondere Service ist, dass wir dafür eine extra Lampe bekommen. Meine Freunde und ich mögen die nette Art, wie die Harams auf die Leute zugehen. Wenn wir gegen Abend hier sind und draußen der Mond aufgeht, dann ist es wie das Paradies."

Mit mehr als 700 verschiedenen Kaffeekannen hat Gesine Haram ihr Wiesencafé in Oldendorf II dekoriert. Sie stehen auf den Längsbalken der früheren Durchfahrtsscheune, in denen sich jetzt das gemütliche Bauerncafé befindet, sie stehen auf eigens angebrachten Regalen, eigentlich überall. Die Besitzerin der Kaffeestube in dem mehr als 100 Jahre alten Gebäude hat ohnehin einen Hang zur Dekoration – und aus diesem Hobby heraus ist 1997 auch das Café entstanden. Damals nämlich lud sie zu Ausstellungen in eine Scheune des Hofes ein, den sie von ihren Eltern geerbt hat. Sie präsentierte Blumengestecke, Kränze und Sträuße. Weil der Andrang zu diesen Anlässen immer größer wurde und die Gäste immer häufiger auch bleiben und essen wollten, entstand die Idee für das Café.

Heute überzeugen acht bis zehn Torten in dem wechselnden Ange-

bot die Besucher in dem einsam gelegenen Hofcafé. Apfel-Sekt-, Buchweizen- und Kartoffeltorte zählen zu den Spezialitäten – wobei die wichtigste Zutat für letztere vom eigenen Hof kommt. Der Sohn der Harams bewirtschaftet die Hofstätte im Bioland-Landbau und setzt dort in erster Linie auf Kartoffeln.

Für ihr Hobby findet Gesine Haram immer noch Zeit. Im kleinen Laden direkt am Café gibt es eine Vielzahl verschiedener Dekorationsartikel, darunter auch die selbstgemachten Gestecke aus Seidenblumen. Außerdem wird fündig, wer nach Marmeladen und anderen bäuerlichen Produkten sucht, nach Stoffen oder kleinen Geschenken.

Wiesencafé auf Hof Haram
Oldendorf II
29 587 Natendorf
T 05822 / 13 84
www.hof-haram.de

[68] Bilder der Schöpfung und Auferstehung
Wege der Besinnung, Ebstorf

An den Wegen der Besinnung gibt es zahlreiche tolle Orte – besonders all jene, an denen die Bilder des Künstlers Werner Steinbrecher (1946-2008) aus Allenbostel aufgestellt sind. Sie sind das Herzstück der beiden Besinnungswege, die sich einmal von Hanstedt I zum Kloster Ebstorf (Auferstehungsweg) erstrecken und einmal von Ebstorf bis zum Arboretum nach Melzingen (Schöpfungsweg). Während auf dem knapp sechs Kilometer langen Schöpfungsweg neun Bildmotive die Erschaffung der Welt aus christlicher und zeitgemäßer Perspektive darstellen, beschäftigt der 4,2 Kilometer lange Auferstehungsweg sich in 13 Gemälden mit der Auferstehung Jesu. Die Werke beeindrucken durch kraftvolle und klare Formen, was daran liegen mag, dass Steinbrecher einmal Architektur studiert hat.

Die Wege eignen sich hervorragend, um die Region kennenzulernen. Das beginnt mit der Feld-

steinkirche in Hanstedt I auf der einen oder mit dem Arboretum in Melzingen auf der anderen Seite und findet seinen Höhepunkt im Kloster Ebstorf, wo sich beide Wege treffen. Attraktion des Klosters übrigens ist die Ebstorfer Weltkarte – eine originalgetreue Nachbildung eines einzigartigen Pergaments im Wandbildformat, das im Zweiten Weltkrieg ein Opfer der Flammen wurde. Auf ihr findet sich das Wissen der Welt so, wie es im 13. Jahrhundert angenommen wurde.

Verkehrsbüro Altes Amt Ebstorf
Winkelplatz 4a
29574 Ebstorf
T 05822 / 29 96
www.ebstorf-tourismus.de

Kloster Ebstorf
Kirchplatz 10
29574 Ebstorf
T 05822 / 23 04
www.kloster-ebstorf.de

[69] Gute Aussicht
Ellerndorfer Wacholderheide

Heidefläche ist nicht gleich Heidefläche – und darum lohnt sich besonders ein Spaziergang durch die Ellerndorfer Wacholderheide. Sie hat durch den besonders hohen Bestand an stattlichem Wacholder ihren ganz eigenen Charme. Schön ist auch das ondulierte Gelände, das für mehrere attraktive Aussichtspunkte sorgt. Wer zur Blütezeit der Heide Ende August kommt, kann am Bienenzaun im östlichen Bereich des Gebiets Zeuge eines emsigen Treibens werden: Dort tun die Bienen alles dafür, dass auch in der nächsten Saison wieder original Heidehonig existiert – und das aus traditionell geflochtenen Bienenkörben. Es gibt an der Straße einen großen Parkplatz, von dem aus Wanderwege durch die Wacholderheide starten. Interessant ist darüber hinaus ein großer Schafstall für die Heidschnuckenherde, die die Wacholderheide pflegt.

Ellerndorfer Wacholderheide
Eimke, Richtung Wriedel

[70] Im Reich der Bäume und Schmetterlinge
Arboretum, Melzingen

Das Arboretum Melzingen ist nichts weniger als das Lebenswerk Christa von Winnings. Die Pflanzenliebhaberin war es, die das heutige Arboretum in Melzingen anlegte – mit vielen Baumarten, aber auch mit unzähligen anderen Pflanzen. Zunächst baute die tatkräftige Frau Nutzpflanzen an, um sie auf dem Markt zu verkaufen. Später erst kam der Erinnerungsgarten an den elterlichen Park in der Mark Brandenburg hinzu. Der Sammlergarten ist das neueste Element des Arboretums. Er enthält zahlreiche Pflanzen und Bäume, entstanden aus Sämereien, die Christa von Wininngs von mehr als 70 Reisen in die Gärten und Parks der Welt mitbrachte. Ihre besondere Liebe gilt den Bäumen. Der Garten ist inzwischen öffentlich und in eine Stiftung übergegangen. Ein umfangreiches Kulturprogramm ergänzt das Angebot.

Die Pflege der Anlage geschieht ehrenamtlich. Dies mag der Grund dafür sein, dass das Arboretum keinen aufgeräumten Parkcharakter hat, sondern eher den eines naturnahen Gartens, in dem Vieles im Fluss ist – wie in der Natur eben auch. Wer es eigentlich akkurater mag, wird hier aber tausendfach durch viele kleine Beobachtungen entschädigt. Besonders die zahlreichen Schmetterlinge faszinieren. Und absolut empfehlenswert ist der leckere Kuchen im Gartencafé.

Arboretum Melzingen
Wittenwater Weg 23
29 593 Schwienau / Melzingen
T 05822 / 94 61 68
www.arboretum-melzingen.de
www.cafe-im-arboretum.de

[71] Tierisch was los
Wildgatter im Stadtwald

Für Einheimische ist der Stadtwald Uelzen am Westrand der Stadt ein perfektes Naherholungsgebiet: Jogger, Nordic-Walker, Spaziergänger treffen hier aufeinander, um sich fit zu halten oder die Natur zu genießen. Der abwechslungsreiche Wald mit seinen beeindruckenden Laubbäumen, kleinen Pfaden und breiteren Forstwegen ist bestens geeignet, um dem Alltag zu entfliehen und frische Luft zu tanken. Kinder haben besonders an den Wildgehegen Spaß. Sie können stattliche Hirsche bestaunen und Rehe dazu, sie können grunzende Wildschweine aus nächster Nähe sehen und sie sogar aus einem höher gelegenen Aussichtsstand von oben beobachten.

Wildgehege Uelzen
Eingang am Ende der Straße „An den zehn Eichen" (Parkplätze)

[72] Mythen und Symbole gegen den Alltagsstress
Weg der Steine, Uelzen

Es sind ungewöhnliche Hinweise, die Gästen den Weg vom Hundertwasser-Bahnhof in Uelzen in die Innenstadt weisen. Wo der Ortsunkundige sonst nach kleinen Schildern suchen muss, in Uelzen weisen mannshohe Steine die Richtung. Die besonderen Wegweiser sind farbenfroh bemalte Granitskulpturen der Künstlerin Dagmar Glemme. Die aus Polen stammende Künstlerin hat ihre Schulzeit in Uelzen verbracht, lebt nunmehr aber seit Jahrzehnten in Schweden und arbeitet in der ganzen Welt.

Der Weg der Steine existiert seit 2008 und besteht aus 21 tonnenschweren Felsen, die teilweise bis zu drei Meter hoch sind. Alle 50 bis 100 Meter säumen sie die Bahnhofstraße und Veerßer Straße bis in die Innenstadt und schmücken Teile der City. Auf ihnen sind vielfältige Themen in leuchtenden Farben umgesetzt, oft mit mythologischen Hintergründen und Symbolen, immer mit einem tieferen Sinn. Auf den Granitblöcken lässt sich der klare, kraftvolle Stil der Künstlerin erkennen, die Menschen und Tiere gleichermaßen mit riesigen Augen und deutlichen Konturen malt.

Die vielleicht wichtigsten Steine – die der Elemente Feuer, Wasser, Erde und Luft – befinden sich auf dem Uelzener Rathausplatz, sind zu Sesseln geschlagen und umgeben den Stein der Weisheit. Die Formation bietet die Möglichkeit, eine Pause im hektischen Alltag einzulegen. Wer den Weg in die Uelzener Innenstadt schon zurückgelegt hat, sollte die Gelegenheit nutzen, sich das Wahrzeichen der 34.000-Einwohner-Stadt anzusehen. Es handelt sich um das Goldenes Schiff, das im Eingangsbereich der St. Marienkirche in einer Wandnische zu finden ist. Es stellt eine Hansekogge dar

[73] Kunst am Bau
Hundertwasser-Bahnhof

Die Stadt Uelzen sollten Urlauber am besten mit dem Zug anfahren – denn dann geht es sofort mitten hinein in die wichtigste Sehenswürdigkeit der Stadt: den Hundertwasser-Bahnhof Uelzen. Stolz können die Uelzener behaupten, ihr Bahnhof gehöre zu den zehn schönsten Bahnhöfen der Welt – wie es Umfragen von Touristikern ergeben haben. Außergewöhnlich ist das Bauwerk allemal: kunterbunte Säulen, kreatives Bahnsteigpflaster, wellige Wege und ein Wasserfall mitten in der Halle machen das Empfangsgebäude zu einer besonderen Attraktion und das Umsteigen an den Bahnsteigen zu einem Entdeckerspaziergang. Zu verdanken ist die künstlerische Umsetzung dem Wiener Maler Friedensreich Hundertwasser (1928-2000), dessen Werk sich eben durch besondere Farbenvielfalt und Mut zu neuen Formen auszeichnet.

Anlässlich der Weltausstellung EXPO 2000 in Hannover wurde der alte wilhelminische Bahnhof in Uelzen zu einem „Umwelt- und Kulturbahnhof" umgebaut. Auf den Dächern des Empfangsgebäudes und den Bahnsteigüberdachungen wurde eine Fotovoltaikanlage installiert. Im Bahnhof selbst finden verschiedene kulturelle Veranstaltungen statt, auch Gastronomie ist

und ist damit zum einen Beleg für die wirtschaftliche Bedeutung der Stadt zur Hansezeit, zum andern aber auch das Symbol des größten Hansebundes im Mittelalter. Wie alt der historische Schatz genau ist und wofür er verwendet wurde, ist unbekannt.

Weg der Steine
Uelzener Innenstadt
www.uelzen-wegdersteine.de

St.-Marien-Kirche
Pastorenstraße 2
29525 Uelzen
T 0581 / 51 15
www.kirche-uelzen.de

vorhanden. Jüngst erhielt das Gebäude, das sicherlich als ein wesentliches Schmuckstück der Stadt bezeichnet werden kann, eine weitere Auszeichnung: Der Hundertwasser-Bahnhof Uelzen wurde vom Verein Allianz pro Schiene als „Bahnhof des Jahres 2009" ausgezeichnet.

Hundertwasser-Bahnhof Uelzen
Friedensreich-Hundertwasser-Platz 1
29 525 Uelzen
T 0581/38 90 48 9
www.hundertwasserbahnhof.de

[74] Landwirtschaft mit Hintergrund
Bauckhof, Klein Süstedt

Es ist kein Einzelfall, dass ein Landwirt der Lüneburger Heide nach Alternativen zur modernen Agrarindustrie sucht – einige Beispiele dafür gibt es in diesem Buch. Auch Carsten Bauck gehört dazu. Er führt in Klein Süstedt einen der drei Bauckhöfe (Klein Süstedt, Amelinghausen und Stütensen). Bewirtschaftet wird er von vier Familien, denn es gibt immer viel zu tun. Die Höfe arbeiten biologisch-dynamisch nach demeter-Kriterien, stellen hauptsächlich Fleisch- und Milchprodukte her und zwar alles in ihrer eigenen Firma. Schweine und Rinder werden auf den Höfen geboren, wachsen dort auf und werden – das gilt für Klein Süstedt seit März 2011 – auch dort geschlachtet. Bei Geflügel, wo Eigenzucht auf diese Art und Weise nicht möglich ist, kommen die Tiere als Eintagsküken auf den Hof.

Eine konsequent nachhaltige Wirtschaftsweise wie diese hat die Familie von Carsten Bauck schon in die Tat umgesetzt, als von Bioprodukten noch niemand sprach. In Klein Süstedt wird seit 1932 biologisch-dynamisch gewirtschaftet. Dazu gehört zum Beispiel, dass die Anzahl der Tiere begrenzt ist durch die Futtermenge, die auf dem eigenen Hof und den Kooperationsbetrieben produziert werden kann.

Um den Kreislauf komplett zu machen, können Interessierte die Produkte, die der Hof hervorbringt, im kleinen Hoflädchen kaufen – also Fleisch von Rind, Schwein, Pute und Huhn sowie Eier, Käse und andere Milchprodukte. Die Bauckhöfe sind Mitglied im Verein ÖkoRegio. In ihm haben sich rund 40 Betriebe aus den Heide-Landkreisen Lüneburg und Uelzen sowie aus dem Elbe-Landkreis Lüchow-Dannenberg zusammengetan. Gemeinsam wollen sie zeigen, dass ökologisches Wirtschaften auch ökonomisch möglich ist, dass Ökonomie auch im Einklang mit Mensch und Natur funktioniert. Mit dabei sind Höfe, Mühlen, Cafés und Hotels, aber auch Möbel- und Stoffproduzenten.

Bauckhof Klein Süstedt
Eichenring 18
29 525 Uelzen / Klein Süstedt
T 0581 / 901 60
www.bauckhof.de

[75] Immer wieder neu
Schloss Holdenstedt

Wer im Herbst zum Schloss Holdenstedt kommt, findet einen fast verwunschen wirkenden Schlosspark vor: Eine alte Buche breitet vor dem Eingang des Schlosses ihre Äste bis dicht über den Rasen aus, ein paar weiße Stühle stehen vielleicht auf dem Rasen, das Schloss liegt still da, kaum Menschen in Sicht, nur ein Gärtner mag Laub einsammeln. Der Weg um das Schloss herum führt über eine weiße Brücke hin zu einem Pavillon, immer unter einem dichten Blätterdach entlang. Als wäre es der alte Schlossgraben – der jedoch zugeschüttet wurde – plätschert das Flüsschen Hardau hinter dem Anwesen entlang. Aber wer sich vorstellt, wie einst hohe Herren vor dieser Schlosskulisse flanierten, muss enttäuscht werden, denn nur wenig ist an dem Anwesen noch so wie es einmal war. Sogar der Pavillon gehörte ursprünglich nicht zum Schloss, sondern stammt von einem Privatgrundstück in Uelzen, das bebaut wurde. Nach jahrelanger Einlagerung fand er schließlich 1988 im Schlosspark seinen neuen Standort. Das Schloss selbst wechselte mehrfach sein Antlitz: Als Burganlage wurde es im 13. Jahrhundert erstmals urkundlich erwähnt, dann aber im 16. Jahrhundert durch einen Neubau ersetzt. Im 30-jährigen Krieg wurde dieser Neubau so sehr beschädigt, dass ein weiteres Mal nur ein Abriss möglich war. Die

Herrenfamilie Christian Ludwig von der Wense sorgte um 1700 für den Neubau. Er war Hofmarschall des preußischen Königs Friedrich I. Bei einem weiteren Umbau 1840 verschwand dann auch die barocke Fassade, so dass das Schloss heute in hellgelber Farbe schnörkellos daherkommt.

Trotz all der Veränderungen ist die erhabene Atmosphäre geblieben. So lässt es sich im Schloss-Café bei warmem Wetter besonders auf der Sommerterrasse mit Blick auf den Park hervorragend aushalten. Und im Inneren hat der Museums- und Heimatverein des Kreises Uelzen Historisches aufbereitet und ansprechend präsentiert. Zu den Schätzen, die in Dauer- und Wechselausstellungen gezeigt werden, gehören unter anderem die Gläsersammlung Röver genauso wie Werke des Tiermalers Georg Wolf und Einrichtungen vom Mittelalter bis zum Jugendstil. Jedes Jahr im August und September finden die „Holdenstedter Schlosswochen" statt, bei denen sämtliche Veranstaltungen unter ein- und demselben Thema stehen.

Schloss Holdenstedt
Schlossstraße 4
29525 Uelzen
T 0581/6037
www.schloss-holdenstedt.de

[76] Vom Burgturm zum Kirchturm
St. Remigius Kirche

Die St. Remigius Kirche reiht sich ein in die Liste hübsch anzusehener kleiner Heidekirchen, und doch ist auch an ihr etwas Besonderes zu

entdecken: Der Kirchturm, etwa 1.000 Jahre alt, ist Überbleibsel der Burg, die dem Ort den Namen gab. Er ist rund und aus Feldsteinen errichtet, drei Stützpfeiler, ebenfalls aus Feldsteinen, halten ihn gerade. Nach der Umnutzung als Kirchturm um 1370 stellten die Konstrukteure einen hölzernen Glockenturm in die Feldsteinhülle hinein, um das Mauerwerk vor Beschädigungen durch die Schwingungen der Glocke zu schützen.

Das Kirchenschiff schließt sich als Fachwerkkonstruktion an. Es stammt von 1753 und ersetzt das ursprüngliche Kirchenschiff, das baufällig geworden war. Im Inneren strahlt die Kirche die gleiche Ruhe und Freundlichkeit aus, die sie auch durch ihre Außenanlagen vermittelt. Der barocke Altar ist in Weiß und Gold gehalten, die Wände sind hell. Die Kirche liegt unweit des Heideflüsschens Hardau am südlichen Ortsrand von Suderburg, umgeben von alten Linden.

Evangelisch-lutherische
St. Remigius-Kirchengemeinde
An der Kirche 3
29 556 Suderburg
T 05826 / 88 07 30
www.suderburg.de

[77] Für eine bessere Ernte auf kargen Heideböden
Rieselwiese, Suderburg

Knapp 4.500 Einwohner zählt die Gemeinde Suderburg. Dass dieses kleine Örtchen Hochschul-Tradition hat, ist einer Erfindung aus dem späten 18. Jahrhundert zu verdanken, als hier die Rieselwiesentechnik entwickelt wurde. Bis heute ist Wasserwirtschaft der Schwerpunkt der Forschung und Lehre in Suderburg, das inzwischen Standort der Ostfalia Hochschule für angewandte Wissenschaften ist.
Mit der Rieselwiesentechnik gelang es, Wiesen auf eine spezielle Art und Weise zu düngen, so dass es sich auf den kargen Heideböden besser wirtschaften ließ. Unter dem Begriff „Suderburger Rückenbau" machte sich die Bewässerungstechnik einen Namen. Auf flach gewölbten Wiesenbeeten – den Rücken – verlief eine schmale Bewässerungsrinne, deren überschüssiges Wasser stetig nach unten in die Auffanggräben rieselte. Das flache Wasser wurde darüber hinaus von der Sonne erwärmt und erhöhte die Temperatur im Boden. Auch

das trug zur Ertragssteigerung bei der Heuernte bei. Aus dieser Tradition des Wasserbaus heraus ist der kulturhistorische Wasser-Erlebnispfad Hardautal entstanden, an dem die Rieselwiese heute zwischen Suderburg und Räber zu finden ist. Insgesamt ist der Pfad entlang des Heidebaches Hardau 53 Kilometer lang, führt von Hösseringen nach Uelzen und zurück. Er ist als Ganzes oder in drei ausgeschilderten Rundwegen zu erwandern. An seiner Strecke liegen der Hardausee, die Wassermühle Holxen und das Schloss Holdenstedt. Der Pfad ist auch für Kinder aufbereitet – der lustige Frosch Hardy vermittelt allerlei Wissenswertes zum Thema Wasser.

Rieselwiese
Touristinformation Suderburger Land
Bahnhofstraße 54 (Rathaus)
29556 Suderburg
T 05826 / 88 07 30
www.suderburg.de

[78] Erlebbare Geschichte
Museumsdorf Hösseringen

In Hösseringen lässt sich tief eintauchen in Traditionen und Lebensweisen der Lüneburger Heide, und zwar in einem Museum der besonderen Art: Vitrinen, Tische oder Modelle spielen hier eine untergeordnete Rolle, hier können Besucher direkt durch die Ausstellungsstücke spazieren. Es sind komplette Gebäude der Lüneburger Heide aus den vergangenen 500 Jahren, die nach Hösseringen umgesetzt wurden und nun als erlebbares Museumsmaterial im Original unter freiem Himmel zur Verfügung stehen. In den Häusern befinden sich teils Ausstellungen, teils sogar die Einrichtungen. All das spiegelt das bäuerliche Leben und Arbeiten in den Jahren 1600 bis 1950 wider. Auf zehn Hektar Gesamtfläche sind einzelnen Schweineställe, Scheunen oder Wagenschauer zu sehen, besonders bemerkenswert ist aber das imponierende Gebäudeensemble des Brümmerhofs aus Moide im Landkreis Soltau-Fallingbostel. Speicher aus verschiedenen Jahrhunderten, die zum Haus gehörten, ergänzen das eigentliche Bauernhaus. Ein Garten, angelegt wie um 1900, komplettiert den Eindruck einer Hofstätte. Überhaupt ist das Freilichtmuseum mit seinen 26 Gebäuden perfekt eingebettet in Wald

Wald und Heide, so dass der Museumsbesuch zu einem erholsamen Spaziergang wird. Völlig unabhängig vom Museumsdorf, aber den kurzen Abstecher wert, ist der nahe gelegene Landtagsplatz. Hier, etwa 150 Meter vom Museumsdorf entfernt, fanden in den Jahren 1532 bis 1652 die Landtage des Fürstentums Lüneburg statt. 1936 richteten die Nazionalsozialisten dort einen Versammlungsplatz ein und karrten dafür zahlreiche Findlinge aus der Umgebung heran. 1972 wurde der Platz durch die Vereinigung Landtagsplatz Hösseringen umgestaltet, um das Lüneburger Bauerntum zu würdigen. Die Findlinge mit den Dorfnamen blieben erhalten.

Museumsdorf Hösseringen
Landtagsplatz 2
29556 Suderburg
T 05826/1774
www.museumsdorf-hoesseringen.de

[79] Der Kater vom Knorrbock
Wasserburg, Bad Bodenteich

Unter einem „Knorrbock" lässt sich mit ein wenig Fantasie so einiges vorstellen. Eine störrische Ziege? Ein Fisch vielleicht? Mit einem Kater käme man der Sache schon näher, denn „Knorrbock" hieß das Bier, das über 280 Jahre hinweg bis 1914 auf der Burg Bodenteich gebraut wurde – und dessen Namen wohl auf die kräftige Wirkung schließen lässt.

Die Burg Bodenteich wurde vermutlich um 1250 errichtet, bis 1328 war sie der Stammsitz der Ritter von Bodendike. Die Reste des Feldsteinturms im Burgkeller stammen aus dieser Zeit. Im 14. Jahrhundert wurde die Burg Verwaltungs- und Gerichtssitz. Etwa 500 Jahre lang wurde von hier aus das große Amt Bodenteich verwaltet. Archäologisch war der Standort eine Fundgrube. Die Wissenschaftler entdeckten zum Beispiel unter den Relikten des Feldsteinturms noch ältere Keramikreste aus dem 9. oder 10. Jahrhundert.

Heute sind sämtliche Gebäude auf dem Burggelände restauriert, auch das alte Brauhaus ließ man nach Plänen von 1804 wieder aufbauen. Bier gebraut wird dort allerdings nicht. Im Bergfried – dem unbewohnten Turm der Burg – ist eine Ausstellung untergebracht. Hier geht es um Wissenswertes aus dem

Mittelalter, der Zeit, in der die Burg entstanden ist. Im Kleinen Burgmuseum werden archäologische Grabungsfunde des Burggeländes und Relikte der Steinzeit aus der Region präsentiert.

Die Verantwortlichen von Verwaltung und Förderkreis haben viele Angebote im Museum und auch auf dem Außengelände so aufbereitet, dass sie für Kinder spannend sind. Wer zum Beispiel auf nackten Füßen den im Boden verankerten Abdrücken folgt, wandelt auf dem 400-Wasser-Barfußpfad und spürt mit ein wenig Fantasie die Reisestrapazen der „Schuhlosen" im Mittelalter am eigenen Leib. Wer will, kann seine Schuhe natürlich anlassen, wenn er die nahe Umgebung der Burg auf diese Weise erkundet. Der Weg führt auch am Robin Hood Castell vorbei – einem „mittelalterlichen" Spielplatz, der von Jugendlichen aus Eichenbohlen aufgebaut wurde und auf Anmeldung für Gruppen geöffnet ist.

Burg Bodenteich
Burgstraße 8
29389 Bad Bodenteich
T 05824/3539
www.bad-bodenteich.de
www.burg-bodenteich.de
T 05824/1350 (Förderkreis)
www.museum-bodenteich.de

[80] Refugium für Kraniche
Schweimker Moor

Das Schicksal des Schweimker Moores ist das zahlreicher Hochmoore in der Lüneburger Heide: Sie wurden trockengelegt, um Torf abzubauen. Im Schweimker Moor geschah das zwischen 1966 und 1992 – zu einer Zeit, in der man im Pietzmoor bei Schneverdingen bereits mit der Renaturierung begonnen hatte. Andere Teile des insgesamt 834 Hektar großen Gebiets stehen jedoch schon seit 1988 unter Naturschutz und bilden jetzt ein abwechslungsreiches Feuchtgebiet aus Moorheiden, Birken- und Erlenbruchwäldern, Grünland und Pfeifengrasflächen. Rund 250 Hektar sicherte der Landkreis Uelzen durch Ankauf langfristig für den Naturschutz.

Stars der Landschaft, die auch als Vogelschutzgebiet gemeldet ist, sind Kraniche, die hier brüten und in der Vogelzugzeit teilweise zu Hunderten rasten. Der Aussichtsturm westlich des alten Torfwerks ist ein Ort, von dem aus man den Blick über die weite Landschaft – und zuweilen auch auf Kraniche – genießen kann. Wie in anderen Teilen der Lüneburger Heide lässt sich der große Vogel mit dem trompetenartigen Ruf sogar zunehmend in der Winterzeit erblicken.

Ebenfalls ungewöhnlich, aber auf eine andere Art, sind die Haus- und

Nutztiere der Gegend: Auf den Weiden im Naturschutzgebiet Schweimker Moor/Lüderbruch grasen die Wasserbüffel und Angus-Rinder des Landwirtes Henning Bauck aus Lüder. Wer also von Lüder aus zum Schweimker Moor wandert, wird mit großer Wahrscheinlichkeit an den robusten Tieren vorbeikommen.

Lüder selbst übrigens wird das Dorf der 1.000 Eichen genannt, da rund 1.000 Eichen innerhalb der kleinen Ortschaft zu finden sind. Viele von ihnen wurden nach einem Großfeuer 1869 gepflanzt, um Funkenflug und neue Feuerkatastrophen zu verhindern. Reisende sollten kurz bei der hübsch gelegenen St.-Bartholomäus-Kirche im Zentrum vorbeischauen. Dort liegt auch der tonnenschwere „Riese von Lüder" – ein monumentaler Fels aus der Saale-Eiszeit, der 1970 beim Bau des Elbe-Seitenkanals gefunden wurde.

Schweimker Moor/Lüderbruch
29 394 Lüder

[81] Flinke Marder mit Schwimmhäuten
Otterzentrum, Hankensbüttel

In freier Wildbahn erobert sich der Fischotter Lebensraum in Deutschland zurück – dank geeigneter Maßnahmen an Flüssen und Bächen wie Wiedervernässung, Rückbau oder Brückenunterquerungen. Das Otterzentrum in Hankensbüttel hat sich dem Schutz der ans Wasserleben angepassten Marder verschrieben und steckt Zeit und Geld auch in die Forschung für die Tiere. Besucher sehen die Otter am besten, wenn sie an den Fütterungen teilnehmen, denn die großen Gehege sind naturnah gestaltet und nicht immer ist der graziöse Schwimmer zu erblicken. Wer andere, verwandte Tiere sehen will, ist im Otterzentrum ebenfalls gut aufgehoben. Ob Steinmarder, Baummarder, Hermelin oder Iltis – sie alle lassen sich in ihren natürlichen Lebensräumen beobachten. Sogar Otterhunde, die einst zur Jagd auf den Fischotter gezüchtet wurden, gibt es. Seit 2010 sind auch Europäische Nerze und

[82] Molkerei am Hof
Bauer Banse, Kakerbeck

Joachim Banse lässt sich bei der Arbeit gerne auf die Finger gucken. Er ist Milchbauer mit Leib und Seele, was er jedoch nicht mag, sind Abhängigkeiten und Agrarfabriken. Darum geht er seinen eigenen Weg: Er hat auf seinem bald 600 Jahre alten Hof in Kakerbeck einen Teil der Gebäude zur Molkerei umgebaut und verkauft handwerklich gefertigte Milchprodukte – nach allen Bestimmungen des Marktes, versteht sich. Keine 100 Meter weiter können sich Besucher dort umsehen, wo die Milch herkommt: im Kuhstall. Bei Bauer Banse kann der Gast seinen Milchlieferanten persönlich begrüßen.

Erstaunlich ist schon, welch Geschmack in Milch steckt, wenn sie melkfrisch verarbeitet und schonend behandelt wird. Selbst die niedrige Fettgehaltstufe von 0,3 Prozent schmeckt da noch nach Milch. Joachim Banse hat sich für die hofeigene Verarbeitung entschieden, als die regionalen Molkereien im Landkreis Gifhorn schlossen. Er will, dass traditionelle Rezepte nicht in Vergessenheit geraten und stellt daher neben der reinen Milch auch verschiedene weitere Milchprodukte vom Quark bis zur Sauerrahmbutter vom Fass her. Im Rahmen von Schautagen und Hoffesten informiert er über

ihre amerikanischen Vetter, die Minks, im Otterzentrum zu Hause. Schön wie die Gehege der Tiere ist die gesamte Landschaft innerhalb der Naturschutzeinrichtung. Der Besuch des Otterzentrums beinhaltet einen rund drei Kilometer langen Spaziergang durch vielfältige Landschaften und einen mehr als 100 Jahre alten Wald. Es gibt entlang des Weges zahlreiche Erlebnisstationen für Kinder. Am Ende lädt das Restaurant ein zu einem Essen, das zu großen Teilen aus regionalen Zutaten zubereitetet wird, die aus einer art- und umweltgerechten Herstellung kommen. Mit einem letzten langen Blick auf den Isenhagener See kann der Tag im Otternzentrum zu Ende gehen.

Otterzentrum
Sudendorfallee 1
29 386 Hankensbüttel
T 05832/980 80
www.otterzentrum.de

sein „weißes Gold", freut sich, wenn Schulklassen sich anmelden und hat auch für Spontan-Besucher fast immer einen Augenblick Zeit. Kakerbeck übrigens ist ein Rundlingsdorf: Mehrere Hofstellen fügen sich wie Tortenstücke aneinander und ergeben einen Halbkreis.

Familie Joachim Banse
Kakerbeck 7
29378 Wittingen
T 05831/993000
www.bauerbanse.de

[83] Wo die tausend Flügel schlagen
Mühlenmuseum, Gifhorn

Allein mit Miniaturmühlen gibt sich Horst Wrobel nicht mehr ab – auch wenn die kindsgroßen Modelle in der zentralen Ausstellungshalle immer noch den Kern seines Gifhorner Mühlenmuseums bilden. Aber das Freilichtmuseum, das Horst Wrobel 1980 gegründet hat, beherbergt darüber hinaus auch 16 Mühlen aus zahlreichen Ländern Europas und der Welt in Originalgröße. Sich zwischen ihnen auf dem weiträumigen, abwechslungsreichen Gelände zu bewegen, macht den Besuch des Museums gleichzeitig zu einem erholsamen Spaziergang. Überall finden sich Mühlensteine – sei es als Bodenbelag, als Tisch oder als Dekoration.

Dass das Mühlenmuseum heute in Gifhorn steht, ist dem Schicksal zu verdanken. Horst Wrobel kam 1980 zufällig mit dem damaligen Leiter des Amtes für Wirtschaftsförderung des Landkreises Gifhorn ins Gespräch, der von Bauarbeiten zu einem Wasserrückhaltebecken berichtete. Das Gelände war ansonsten noch nicht beplant worden. Heute ist dieses Becken als See in das Museum integriert, das ganze Gelände für die Mühlen wurde drumherum modelliert.

Prächtig anzusehen, wenn auch etwas überraschend an diesem

Standort, befindet sich heute auch eine russisch-orthodoxe Holzkirche auf dem Gelände des Mühlenmuseums. Die Begründung: Während Mühlen durch das Mahlen von Mehl als Grundstoff für Brot für das leibliche Wohl sorgen, sorgt die Kirche für das seelische. Der Holzbau mit den blau-goldenen Kugeln und den goldenen Kreuzen

ist innen nicht minder farbenfroh. Im Mittelpunkt steht der Ikonostas – mit Ikonen, die nach alter Tradition angeordnet und nach alten Vorbildern bemalt wurden. Die Kirche des Heiligen Nikolaus, so der Name, kann besichtigt werden. Es finden aber auch Gottesdienste statt, da sich inzwischen eine stabile Gemeinde gebildet hat.

Internationales Wind- und Wassermühlenmuseum
Bromer Straße
38 518 Gifhorn
T 05371 / 55466
www.muehlenmuseum.de

[84] Ost und West zusammen
Glockenpalast, Gifhorn

Der Gründer und Besitzer des Gifhorner Mühlenmuseums Horst Wrobel engagiert sich für das Zusammenwachsen von Ost und West – und zwar auf der Weltbühne. Aus diesem Engagement heraus entstand in den 1990er Jahren die Idee, eine Begegnungs- und Ausbildungsstätte zwischen Künstlern und Kunsthandwerkern aus den ehemaligen politischen Blöcken zu errichten. Der Bau begann, garniert mit aufwändigen Schnitzereien und Modellierungsarbeiten russischer Künstler. Der ehemalige russische Präsident Michail Gorbatschow selbst legte 1996 den Grundstein für das Völkerverständigungsprojekt.

Die weltweiten Entwicklungen aber überholten den Fortgang der Bauarbeiten – gute russische Künstler erhielten genügend Aufträge im eigenen Land, außerdem stockte die Fertigstellung aufgrund fehlender Fördergelder. Heute beeindruckt der Glockenpalast im Kultur- und Landschaftspark neben dem Mühlenmuseum darum mit zwei unterschiedlichen Flügeln – einem aufwändig gearbeiteten im russischen Klosterstil und einem in nüchternerer Bauweise mit großer Glasfront. Das Gebäude wird noch 2011 für Besucher zugänglich gemacht und soll dann als Ausstellungsraum sowie als Begegnungsstätte genutzt werden. Eine Dauerausstellung über Albert-Schweizer beherbergt der Glockenpalast genauso wie die stilisierte Nachbildung der russischen Zarenglocke aus dem Moskauer Kreml.

Beeindruckend ist aber nicht nur das Gebäude mit all seinen Facetten, sondern auch die gepflegte Parkanlage, der Blick auf das Mühlenmuseum und die Europäische Freiheitsglocke vor dem Glockenpalast. Gemeinsam mit den großen, sie umgebenen Bronzetafeln zur deutschen Geschichte bildet sie ein Denkmal für den Teil der Historie, auf die bewundernd geblickt werden kann: Eine Wiedervereinigung ohne Blutvergießen. Michail Gorbatschow, George Bush senior, Helmut Kohl und der ehemalige ungarische Ministerpräsident Gyula Horn haben extra für das 10 Tonnen schwere Objekt Widmungen verfasst, die darauf zu lesen sind.

Glockenpalast Gifhorn
c/o Internationales Wind- und
Wassermühlenmuseum
Bromer Straße
38518 Gifhorn
T 05371/55466
www.muehlenmuseum.de

[85] Mit dem Boot zum Café
Stallcafé und Heuhotel

Braucht es mehr zum Wohlfühlen als ein liebevoll geordnetes Sammelsurium schöner Dinge? Im Heuhotel von Rosemarie Saak können große und kleine Gäste nicht nur im frisch duftenden Heu übernachten, sondern einiges mehr: Lust auf leckeren Kuchen oder etwas Warmes zu essen? Kein Problem, das gibt es im Stallcafé. Frische Eier oder Heidehonig gefällig? Dann ab in den Hofladen. Oder einmal die Hühner sehen, die die Eier gelegt haben? Die scharren draußen auf dem Gelände – und dort tummeln sich auch noch Ziegen, Ponys, Enten, Heidschnucken, Katzen, ein Hund und sogar ein Esel und ein Lama. Lange Jahre hatten Rosemarie Saak und ihr Mann ihre Heidschnuckenherde zum Weiden in die nahe gelegene Gifhorner Heide geführt, bis ihr Mann verstarb und die Arbeit mit den Schafen zu anstrengend wurde. Darum baute sie den alten Stall komplett um und eröffnete das urige Stallcafé darin. Wer im Kaffeegarten verweilt, genießt einen traumhaften Blick über das Flüsschen Aller, da fällt das Aufbrechen zum Abend hin wirklich schwer. Anreisen können Besucher auch per Boot: Das idyllische Fleckchen Erde verfügt über einen eigenen Anleger.

Stallcafé im Allertal
Wittkopsweg 99
38518 Gifhorn
T 0151/53583252

Heidjer-Tipp!
[86] Ein uralter Backofen und seine Folgen
Bauerncafé Röling

Wilfred Brinkmann, Brome:

„Meine Frau und ich sind fast jede Woche auf Rölings Hof. Die Qualität der Kuchen stimmt einfach. Es ist familiär, sauber und auch wenn es mal voll ist, findet Christoph Röling noch irgendwo einen Platz für seine Gäste."

Der Mann mit der Fliege und dem weißen gezwirbelten Bart, das ist der Chef. Christoph Röling fühlt sich wohl, wenn er Kuchen auftischt und Kaffee ausschenkt, er möge seine Gäste schließlich, sagt er. Zusammen mit seiner Frau Karin betreibt der ehemalige Landwirt seit 1997 das Bauerncafé Rölings Hof in Sprakensehl. Es ist in ehemaligen Stallungen des Hofes untergebracht und wurde schon mehrfach erweitert. Auf Dekorationen aus Wagenrädern und Lampen aus Hirschgeweihen haben die beiden bei der Einrichtung verzichtet. Stattdessen setzen sie auf viel Licht und häufig wechselnde Bilderausstellungen, und kombinieren die moderne Atmosphäre mit restaurierten Möbeln und alten Uhren. Im Sommer gibt es auf beiden Seiten des Cafés zahlreiche Plätze an der frischen Luft. Ein Blick über den bunten

es eine Veranstaltungsscheune auf dem Hofgelände, denn mehrfach im Jahr laden die Besitzer zu größeren Ereignissen ein: Jazz-Konzerte, Frühschoppen, Märkte und Spezialitätenessen.

Angefangen hatte alles mit einem uralten Backofen von 1920, der vorübergehend vergessen in den ehemaligen Stallungen stand. Christoph und Karin Röling versuchten eines Tages, den Holzofen wieder in Gang zu bringen – und zauberten mit seiner Hilfe leckeres Brot und saftigen Hefekuchen. Als sie merkten, dass beides nicht nur ihnen, sondern auch anderen gut schmeckte, war die Idee für das Café geboren.

Bauerncafé Rölings Hof
Schulstraße 1
29365 Sprakensehl
T 05837/666

Garten von Karin Röling hinüber zur Kirche oder über den Dorfteich sorgt für Wohlbefinden.

Das i-Tüpfelchen für einen solch entspannten Nachmittag sind die selbstgemachten Torten. Riesige Stücke bringt Christoph Röling seinen Gästen, dazu gibt es Kaffee satt. Wer will, bekommt auch halbe Stücke und schafft es dann vielleicht noch, eine weitere Torte zu probieren. Neben dem Café gibt

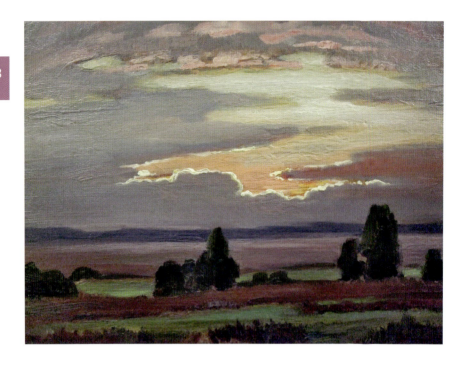

[87] Kieselgur
– das „weiße Gold" der Heide
Albert König Museum

Albert König (1881-1944) gilt als der bedeutendste Maler der Südheide. 1.800 Bilder umfasst der Nachlass, den seine Frau Dorothee der Gemeinde Unterlüß überließ mit der Auflage, ihn der Öffentlichkeit zugänglich zu machen. Die Bandbreite des künstlerischen Schaffens von Albert König ist groß, da er zu seiner aktiven Zeit mit den Stilen und Strömungen rang. Nachdem er aus seinem Geburtsort Eschede 1927 nach Unterlüß gezogen war, widmete er sich insbesondere der Naturmalerei. In seinem Spätwerk spielen die Kieselgurgruben in Neuohe und Oberohe eine große Rolle. Das Museum hat dem so genannten „Bergmehl" und seiner Abbautradition in der Region darum auch eine Dauerausstellung gewidmet.

Kieselgur ist eine weiße Substanz, die aus den abgelagerten kieselsäurehaltigen Schalen von Kieselalgen besteht. Das Pulver wird vielfältig eingesetzt – dient als Schleifmittel, Filter für Abwässer oder befindet sich in Zahnpasta und Autoreifen. In der Lüneburger

Heide bedeutete der Abbau der Substanz, von der man zunächst dachte, sie sei „tau nix tau bruken" – völlig unbrauchbar –, um 1900 erhebliche Wirtschaftskraft. Abgebaut wurde „das weiße Gold der Heide" in Oberohe bis 1970, insgesamt bis 1994. Die Bestände in den Gruben waren erschöpft, auch hatten sich Lieferungen aus dem Ausland als immer wettbewerbsfähiger erwiesen. Zurückgeblieben sind unter anderem renaturierte Seen, ein Kieselgur-Lehrpfad am Heidesee in Oberohe und die Ausstellung im Albert-König-Museum. Wer nach so viel Kunstgenuss und Wissensvermehrung Hunger bekommen hat, sollte den kurzen Weg nach Müden/Örtze einschlagen und sich dort in der Ole Müllern Schün bei Kaffee und Kuchen stärken. Untergebracht in dem ältesten Anwesen Müdens, das schon 1022 erstmals erwähnt wurde, kombiniert das Bauerncafé stilvolles Ambiente mit einem leckeren Angebot aus der Scheunenbäckerei. Unter anderem ist die Erdbeer-Schmand-Torte im Angebot, mit der Inhaberin Ria Springhorn 2006 die ersten Norddeutschen Tortenmeisterschaften gewann.

Albert-König-Museum
Albert-König-Straße 10
29345 Unterlüß
T 05827/369
www.albertkoenigmuseum.de

Ole Müllern Schün
Alte Dorfstraße 6
29328 Müden/Örtze
T 05053/941 22
www.ole-muellern-schuen.de

[88] Akkordfliegen für Berlin
Erinnerungsstätte Luftbrücke

Die Luftbrücke Berlin von 1948 bis 1949 ist ein faszinierender Teil deutscher Geschichte. Nachdem alle Straßen- und Eisenbahnverbindungen aus den westlichen Besatzungszonen nach Westberlin durch die sowjetische Besatzung gesperrt worden waren, versorgten die Westalliierten die Bevölkerung seinerzeit aus der Luft. Vom Fliegerhorst Faßberg aus starteten Maschinen der Royal Air Force und der US Air Force vorwiegend mit Kohle an Bord nach Berlin. Zwischen dem 25. Juni 1948 und dem 30. September 1949 gab es zeitweilig bis zu 450 Starts und Landungen am Tag. Nahezu jedes Stückchen Kohle, dass die Berliner in jener Zeit wärmte oder ihnen Licht gab, wurde in Faßberg verladen und auf den Luftweg gebracht. Die Erinnerungsstätte Luftbrücke zeigt nicht nur eine Maschine vom Typ McDonnell Douglas C-47 Skytrain, wie sie während der Luftbrücke zum Einsatz kam, sondern auch einen packenden Film über die logistischen Leistungen der Luftbrücke und zahlreiche Ausstellungsgegenstände. Die Exponate sind in drei Nissenhütten und zwei Eisenbahnwaggons untergebracht – denn mit Eisenbahnwaggons wurden die Kohleladungen und die anderen Verpflegungsgüter in den

Fliegerhorst gefahren. Originaldokumente und -objekte stellen dar, wie die Luftbrücke funktionierte. Die Exponate informieren ferner über die Leistung der 5.000 Arbeiter der German Civil Labour Organisation. Gegenstände des damaligen täglichen Lebens runden die Ausstellungen ab.

Die Erinnerungsstätte bietet ansprechenden Geschichtsunterricht an einem historischen Originalschauplatz.

Fliegerhorst Faßberg
T 05055 / 17 10 15
www.luftbrueckenmuseum.de

[89] Gartenkunst – Künstlergarten
Galerie Brammer, Müden

Hans-Peter Brammer ist Künstler aus Leidenschaft. Seine Frau schenkte ihm einst eine Staffelei, seitdem kann er die Finger nicht mehr von der Farbpalette lassen. Heidebilder abseits vom Postkartenkitsch, leuchtende Blumen, dunkle Landschaften gehören zu seinen Gemälden. Seine Schaffenskraft entlädt sich jedoch auch in Kunstobjekten. An dieser Stelle kommt sein Garten ins Spiel: Etliche seiner Eisen- oder Holzkonstruktionen sind in seinem Garten zu sehen, der „offene Pforten" hat. Soll heißen: Gäste sind willkommen.

Herzstück des Gartens ist eine artesische Quelle – Wasser steigt hier durch Überdruck des Grundwassers selbsttätig auf. Die Quelle speist einen kleinen See. Ähnlich einer Brücke, aber leider nicht durchgängig, führt darüber eines von Brammers Kunstwerken: Ein begehbares Objekt aus Eisen und Holz. Das Areal des Gartens fällt leicht ab, findet am Ufer des kleinen Flüsschens Wietze seinen Abschluss und gibt den Blick frei über das schöne Wietzetal. Weil der Künstler sich immer über Besuch freut, gibt es zahlreiche Sitzgelegenheiten – alleine vier Terrassen laden zum Verweilen ein.

Übrigens: Viele Gartenbesitzer in der Lüneburger Heide haben ihre

Gärten für die Öffentlichkeit geöffnet – allerdings meist an bestimmten Terminen im Jahr oder auf Anfrage. Informationen darüber gibt es im Internet (s.u.).

Galerie Brammer
Sandstraße 7
29328 Müden / Örtze
T 05053 / 90 31 81
www.brammer-h-p.de

Offene Gärten im Landkreis Celle:
www.die-offene-pforte.de.ms
Offene Gärten im Landkreis Uelzen:
www.offene-gaerten-region-uelzen.de
Offene Gärten im Landkreis
Soltau-Fallingbostel:
www.ueber-zaeune-schauen.de

[90] Paddeln auf der Örtze durch Feld und Flur
Bootsanleger Baven

Paddeln auf der Örtze ist für Einheimische und Gäste gleichermaßen ein Spaß – Geschichten von tollen Naturerlebnissen oder spektakulären Kenteraktionen erheitern gesellige Runden. Die Örtze entspringt bei Munster und schlängelt sich dann durch Wald, Heidelandschaft und Wiesen an Müden, Hermannsburg und Eversen vorbei bis hinunter nach Winsen (Aller), wo sie in die Aller mündet. Paddeln ist im Sommer unter Einhaltung der Vorschriften ab Baven (Lutter) erlaubt. Früher konnten die Aktiven auch aus Müden (Örtze) starten, aber der seit Jahren niedrige Pegelstand hat dazu geführt, dass der Einstieg an der historischen Wassermühle in Müden nur noch theoretisch möglich ist. Die Örtze ist der wohl beliebteste Wanderfluss in der Lüneburger Heide, was an seinem strukturreichen Verlauf liegen mag. Vereinzelte Steilhänge, Vertiefungen oder Sandbänke sorgen für Abwechslung, Schwarzerlen und Nadelbäume an den Ufern streckenweise für wohltuenden Schatten. Aber auch andere Flüsse wie die Böhme oder die Ilmenau laden zum Paddeln ein. Selbst wenn das Einsetzen in Müden nicht möglich ist, ist die dortige historische Wassermühle einen Abstecher über Land durchaus wert: Sie stammt aus den 1430er

Jahren und erhielt Anfang des 20. Jahrhunderts ihr heutiges Aussehen als viergeschossiger Backsteinbau. Erst in den 1990er Jahren wurde sie aufwändig restauriert. Heute beherbergt sie die Tourist-Information, eine Bücherei und Ausstellungsräume. Hochzeitspaare nutzen das Trauzimmer der Wassermühle, um ihrer Heirat einen besonders schönen und romantischen Rahmen zu geben.

Bootsanleger Baven
Betonbrücke
Straße Zur Örtze

Historische Wassermühle Müden
Unterlüßer Straße 5
29328 Müden/Örtze
T 05053/989220
www.touristinformation-mueden.de

[91] Die Meerjungfrau auf der Regentonne
Atelier am Markt/Café im Hof

Isabella Colling bezeichnet ihr Atelier am Markt im Herzen von Hermannsburg als ein kleines Paradies für die Sinne. Recht hat sie! Gäste ihrer liebevoll dekorierten Galerie im alten Brinkhof können spüren und sehen, woraus die Künstlerin ihre Inspirationen zieht: Die Natur ist Vorbild für Kreativität und Schaffenskraft – und die Natur darf dem Atelier auch seinen märchenhaften Charme geben. Harmonisch fügen sich die zahlreichen Objekte von Isabella Colling in die Welt des Ateliers ein. Wo anders würde man beispielsweise die Skulptur einer Meerjungfrau erwarten als auf dem Rand der Regenwassertonne? Ehemalige Stallungen hat die

Künstlerin zu Ausstellungsräumen umfunktioniert, aber unaufdringlich. Und wer genau schaut, sieht noch die alten Futtertröge.

Wo das Café im Hof sich befindet, ist nicht schwer zu erraten: im Innenhof des Gebäudeensembles. Dort stehen wie zufällig kleine Tische und Stühle für die Cafégäste bereit. Isabella Collings Ehemann Wolfgang sorgt für das leibliche Wohl, serviert hausgemachte Kuchen und Herzhaftes. Schön, dass die beiden auch Besucher teilhaben lassen an dem Traum, den sie leben.

Atelier am Markt
Am Markt 5
29320 Hermannsburg
T 05052 / 940 36
www.kunst-cafe-hermannsburg.de

[92] Schnörkellos schön
Ludwig-Harms-Haus, Hermannsburg

Seit 1849 werden von Hermannsburg aus Missionare in die Welt geschickt. Unter der Obhut des damaligen Pastors Ludwig Harms sollten sie das Evangelium verkünden, aber auch Verantwortung für die Welt vorleben und die Kontakte zwischen Christen in aller Welt fördern. So gesehen war für die frühen Missionare die Globalisierung bereits allgegenwärtig. Das genau ist es, was der Weltkugelbrunnen vor dem Ludwig-Harms-Haus ausdrücken soll. Eine tonnenschwere Kugel aus schwarzem Mamor mit eingravierten Kontinenten symbolisiert die weltweiten Partnerschaften der Mission. Der Brunnen in seiner glatten runden Form und seinem tiefen Schwarz beeindruckt gerade dadurch, dass er komplett schnörkellos ist. Er schwimmt auf einer millimeterdicken Wasserschicht, die – so die Interpretation der Mission – zeigt, wie die Liebe Gottes die Welt in Bewegung hält. Der Brunnen steht seit 2009 auf einem Vorplatz vor der alten Mission, dem Ludwig-Harms-Haus. Darin stellt die Dauerausstellung „Candace – Mission Possible" die Anfänge der Mission dar. Candace war der Name des Schiffes, das Ludwig Harms seinen ersten Theologen für ihre Reise nach Afrika bauen ließ. Dargestellt werden aber auch die christliche Missionsarbeit des heutigen Evangelisch-Lutherischen Missionswerks (ELM) und aktuelle Projekte aus den Partnerländern. Vernetzt ist das ELM heute mit 19 Partnerkirchen in 17 Ländern der Welt. Auch die Künste anderer Kulturen und Länder erhalten in

der Ausstellung ihren Raum. Einmal durchs Ludwig-Harms-Haus zu schlendern, lohnt sich auch für Freunde von fair gehandelten Produkten und christlicher Literatur: Neben einem Café komplettieren ein Weltladen und eine Buchhandlung das Angebot des „LHH" – des Ludwig-Harms-Hauses.

Ludwig-Harms-Haus
Harmsstraße 2
29 320 Hermannsburg
T 05052 / 69270
www.ludwig-harms-haus.de

Heidjer-Tipp!
[93] Gut bürgerlich mit Pfiff
Gänsestuben, Misselhorn

Gunda Ströbele, Neuenkirchen:

„Ich freue mich immer auf die frische, regionale Küche hier. Gregor Meyer ist Koch aus Leidenschaft, das merkt man seinen Gerichten an. Er probiert gerne Neues aus; das bringt Abwechslung für uns und die anderen Gäste."

Wer hätte gedacht, dass ein Restaurant mit dem Namen „Gänsestuben" eine große Vielfalt an vegetarischen Gerichten auftischen kann? Eine ganze Seite seiner Speisekarte widmet Inhaber und Koch Gregor Meyer jenen Gästen, die auf Tiere verzichten. Aber auch bei Fleischgerichten gibt sich der waschechte Heidjer kreativ: Steak vom Wildrücken mit Wonnekraut – diese Beilage ist vielen nicht bekannt. Sie entpuppt sich als Sauerkraut mit Sahne und Honig. Gregor Meyer selbst nennt seine Küche „gut bürgerlich mit Pfiff". Er setzt auf saisonale Frische, heimisches Wild und eigene Handarbeit, zum Beispiel beim Räuchern oder – wenn die Zeit dafür da ist – in der Käseherstellung.

Die Gänsestuben sind Teil des Misselhorner Hofes, ein Hotel für Mensch und Pferd, das nur rund einen Kilometer von der Misselhorner Heide entfernt liegt. Gregor Meyers Vater Eckardt ist erfolgreicher Bundestrainer für Gespannfahrer und bietet Fahrlehrgänge an. 2010 wurde er mit seiner Mannschaft bei der Weltmeisterschaft für die Einspännerfahrer in Italien Mannschaftsweltmeister und Weltmeister in der Einzelwertung. So mancher Heide-Kutscher hat bei Eckardt Meyer in Hermannsburg schon seine Ausbildung genossen.

Durch den Fahrbetrieb sind immer bis zu 40 Pferde auf dem Hof. Die weiten Wiesen und das Trainingsgelände hinter dem Haus bedeuten für die Tiere leckeres Futter und Bewegung, für Eckardt Meyer Notwendigkeit im Pferdesport und für die Gäste der Gänsestuben einen idyllischen Ausblick, bis sich am Horizont ein kleines Wäldchen anschließt. Wen wundert es da, dass sich bei warmen Temperaturen sowohl im Garten neben dem Haus als auch auf der Liegewiese dahinter Gäste und Einheimische gleichermaßen ansammeln und die entspannende Atmosphäre genießen?

Restaurant Gänsestuben
Misselhorn 1
29320 Hermannsburg
T 05052 / 80 01
www.misselhornerhof.de

[94] Blick in die Weite beim Picknick an der Örtze
Haus der Natur, Oldendorf

Wer auf einer Radtour entlang der Örtze am Haus der Natur vorbeikommt, sollte unbedingt eine Rast einlegen. Perfekt ausgerüstet ist, wer einen Picknickkorb dabei hat. Hinter dem Haus nämlich befindet sich eine Sitzgruppe aus grobem Holz mit einem unschlagbaren Blick auf die vorbei fließende Örtze und die Wiesen und Äcker dahinter. Aber auch ohne Proviant lohnt sich der Stopp, denn die Ortsgruppe Hermannsburg/Faßberg des Naturschutzbundes NABU steckt viel Zeit und Engagement in das Informationshaus und das umliegende Gelände.

Im Haus selbst befindet sich eine Dauerausstellung, in der ein Waldbiotop und eine Heidelandschaft realitätsnah dargestellt werden. Ein Fotoalbum zeigt die heimische Flora und Fauna, eine Wanderkarte der Region gibt Hinweise auf weitere interessante Ziele. Regelmäßige Sonderausstellungen zur Tier- und Pflanzenwelt der Südheide runden die Präsentation ab.

So mit Wissen ausgestattet lohnt ein kleiner Spaziergang in unmittelbarer Nähe des Gebäudes, denn dort gestaltet der NABU Lebensräume. Die aufgeschichteten Holzscheite oder die scheinbar achtlos hingeworfenen Äste bieten zum Beispiel dem Zaunkönig Schutz. Eine alte Sandkuhle richten die Ehrenamtlichen seit einigen Jahren zum Kleingewässer-Biotop her, damit Tierarten wie Kreuzkröte oder Kurzfühlerschrecken, aber auch selten gewordene Pflanzen wieder Lebensraum finden.

Haus der Natur
Beutzener Weg nahe Oldendorf
T 05052/80 55
www.nabu-kv-celle.de

[95] Der Wald der Stille
Ruheforst Südheide

Oft genug ist es der Name des kleinen Ortes Feuerschützenbostel, der Urlauber neugierig macht. Er stammt vermutlich von dem Adelsgeschlecht „to Kymme" ab, das einst den Grundstein für sein Familiengut vor Ort legte. Ein Arndt to Kymme war im 14. oder 15. Jahrhundert verantwortlich für das Feuerwaffenlager des Herzogs, so dass sein Name den Zusatz Feuerschütz bekam. Bostel ist im Sinne von Wohndomizil zu deuten. Indes: Es gibt noch andere Überlieferungen, so dass kaum mit Sicherheit zu sagen ist, wie Feuerschützenbostel zu seinem Namen kam. Der Ort ist klein, das Rittergut und einige hübsche Häuser prägen das Dorf.

Seit 2008 aber gibt es dort auch einen „RuheForst". Menschen, die – aus welchen Gründen auch immer – ihre Angehörigen nicht auf einem herkömmlichen Friedhof beisetzen wollen, haben hier Gelegenheit, in etwa fünf Hektar Laubmischwald eine alternative Bestattungsart zu wählen. Die Beisetzung erfolgt in biologisch abbaubaren Urnen, es ist möglich, am Baum ein kleines Namensschild anzubringen.

Das, was Angehörige am Ruheforst schätzen – die Stille und Abgeschiedenheit und den Wandel der Natur – können auch Spaziergänger erleben. Dass sie sich in einem Bestattungswald befinden, ist kaum zu bemerken. Die von Harlingsche Forstverwaltung greift nur in die Waldentwicklung ein, wenn Äste oder Bäume eine Gefahr für die Besucher darstellen. So ist über die Jahrhunderte ein naturnaher Wald entstanden, der Tieren und Menschen Rückzugsorte sichert und das richtige Ambiente für einen ganz besonderen Friedhof, aber auch für stille Spaziergänge für jedermann bietet.

Es gibt einen zweiten Standort einer solchen Bestattungsmöglichkeit in der Lüneburger Heide: Der „Friedwald", ein ebenfalls rund fünf Hektar großer Laubmischwald, ist nur wenige Kilometer vom Wilseder Berg entfernt. Auch hier können Besucher wandern und verweilen ohne das Gefühl zu haben, auf einem Friedhof zu sein.

Ruheforst Südheide
v. Harling'sche Forstverwaltung
Rittergut Feuerschützenbostel
29303 Bergen
T 05054 / 987 18 81
www.ruheforst-suedheide.de

[✿] **Der besondere Ort**
In Erinnerung
Gedenkstätte Zugunglück

Am 3. Juni 1998 ereignete sich auf der Strecke Hannover-Hamburg das schwerste Zugunglück seit Beginn des Bahnverkehrs in Deutschland: Der ICE 884 Wilhelm Conrad Röntgen entgleiste bei Eschede aufgrund eines gebrochenen Radreifens. Dadurch stürzte eine Brücke ein, etliche Wagons schoben sich im Zickzack zusammen. 101 Menschen starben.

Heute erinnert eine Gedenkstätte direkt neben den Gleisen an das schreckliche Unglück. Sie ist eingebettet in die Formation von 101 Kirschbäumen in Erinnerung an

die Verstorbenen. Eine steinerne Stele trägt die Namen der Opfer. Daran und an den Geburtsjahren sind die Verwandtschaftsverhältnisse zu vermuten. Beklemmend zu erkennen, dass das Leben von Ehepaaren oder von Müttern mit Kindern auf einen Schlag ausgelöscht wurde.
Die Architekten Anja Brüning und Wolfgang M. Pax aus Hannover haben die Aufgaben einer Gedenkstätte zu mahnen, zu erinnern und zu versöhnen auf ruhige und intensive Weise umgesetzt. Sie haben im Jahr 2001 eine „Kapelle am Weg" geschaffen, eine Erinnerungsreise, deren Weg von der Rebberlaher Brücke tief hinunter zur Stele und in die Trauer führt, dann aber mit dem langen Treppenaufstieg auch wieder hinauf in das Leben. Es ist ein ruhiger und ergreifender Ort auch für jene, die nicht direkt von dem Zugunglück betroffen sind.

Gedenkstätte an der ICE-Unglücksstelle
Rebberlaher Brücke
29348 Eschede
www.eschede.de

[✽] Der besondere Ort
Erinnerungen an Anne Frank
Gedenkstätte Bergen-Belsen

Die Gedenkstätte am Ort des ehemaligen Kriegsgefangenen- und Konzentrationslagers Bergen Belsen zeugt von der unrühmlichsten Phase deutscher Geschichte. Zunächst 1940 als Kriegsgefangenenlager der Wehrmacht gegründet, errichtete die SS im Frühjahr 1943 hier ein Konzentrationslager.
Gegen Ende des Zweiten Weltkriegs wurden unzählige Häftlinge frontnaher Konzentrationslager hierher

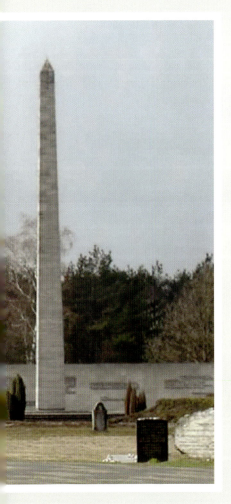

Heute erinnern verschiedene Mahnmale und Fundamentreste im Außenbereich an den damaligen Aufbau des Lagers. Insgesamt ist wenig von der ehemaligen Topografie zu erkennen, gestalterische Elemente sollen aber helfen, die frühere Anordnung nachvollziehen zu können. Zentraler Ort der Gedenkstätte ist ein Dokumentationszentrum, das 2007 fertig gestellt wurde. Ausführlich und eindringlich wird die Lagergeschichte dort dargestellt. Einen besonderen Stellenwert nehmen in dieser modern konzipierten und technisch hochwertig aufgearbeiteten Ausstellung Medienstationen mit Ausschnitten aus Videointerviews ein, die in den vergangenen Jahren mit ehemaligen Häftlingen des Konzentrationslagers Bergen-Belsen geführt wurden.

evakuiert und ein Massensterben begann. Unter den Toten war auch Anne Frank, die im März 1945 an Thyphus starb. Ihr Tagebuch über das Verstecken vor den Nationalsozialisten machte die Jüdin, die nur 15 Jahre alt wurde, berühmt und den Holocaust beklemmend erlebbar.

Gedenkstätte Bergen-Belsen
Anne-Frank-Platz
29303 Lohheide
T 05051 / 475 92 00
www.bergenbelsen.de

[96] Vom Teichgut zum Bildungszentrum
Gut Sunder, Meißendorf

Wo auf anderen Häusern Wetterhähne ihre Schnäbel nach dem Wind recken, ist es auf Gut Sunder ein Karpfen. Auf dem Dach des Herrenhauses pendelt der metallene Fisch im Wind, und das hat historische Gründe. Gut Sunder war vor 130 Jahren ein Teichgut, in dem sich Gutsherr Ernst von Schrader an der Karpfenzucht versuchte. Das Unternehmen war von Erfolg gekrönt, so dass Ackerbau und Viehzucht zugunsten der Schuppentiere aufgegeben wurden und auf dem Gutsareal zahlreiche Teiche entstanden sind. Heute gehören viele dieser Teiche zum Hüttenseepark und werden touristisch vermarktet, die Fischzucht gab der Betreiber in den 1960er Jahren auf.

Das mehr als 400 Jahre alte Gut selbst ist seit 1980 im Besitz des Naturschutzbundes Deutschland NABU (früher Deutscher Bund für Vogelschutz) und dient als Bildungseinrichtung des NABUs Niedersachsen auch für Nicht-Mitglieder und Schulklassen. Doch auch, wer keine Seminare besuchen oder seine Kinder auf Naturerlebnisreise schicken will, wird auf Gut Sunder viel entdecken. Allein die Anfahrt durch ein kleines Waldstück und eine hohe Allee ist die Anreise schon wert.

Die Umgebung des Herrenhauses gestaltet sich mit Teichen und Bächen, Wiesen und Wäldern sehr abwechslungsreich. Zahlreiche Nistkästen an den Gebäuden, eine Streuobstwiese, naturbelassene Wege zeugen davon, dass hier Naturschützer das Sagen haben. Neueste Attraktion ist das Tierfilmzentrum – ein Kamerasystem, das bei Tag und Nacht Tieraufnahmen frei lebender Tiere einfängt. In einem dafür eingerichteten Erlebnisraum können Besucher die Aufnahmen betrachten – und mit etwas Glück Fledermäuse sehen oder einen Eisvogel bei der Jagd. Und mit viel Glück sogar einen Dachs oder Otter.

Das Herrenhaus läuft in Kooperation mit der Lobetalarbeit als Hotel- und Gastronomiebetrieb, behinderte Menschen finden hier Arbeit.

NABU Gut Sunder
OT Meißendorf
29308 Winsen/Aller
T 05056/970111
www.nabu-gutsunder.de

[97] Das hatten wir mal in der Schule …
Deutsches Erdölmuseum

Erdöl, das wir heute brauchen, kommt aus verschiedenen Ländern der Welt, aber kaum noch aus Deutschland. Hiesige Förderstätten liefern nur etwa drei Prozent des Öls, das wir benötigen. Um 1920 sah das einmal ganz anders aus: In Wietze befand sich seinerzeit das produktivste deutsche Erdölfeld. Zu Beginn des 20. Jahrhunderts wurden hier nahezu 80 Prozent des heimischen Erdöls gefördert. Das Deutsche Erdölmuseum befindet sich direkt auf dem ehemaligen Ölfeld – und viele Geräte und Maschinen auf dem Außengelände stehen noch an Ort und Stelle.

Die Ausstellung im Innenraum ist auf einer Fläche von rund 400 Quadratmetern modern aufbereitet, gibt Einblick in die Entstehung des „schwarzen Goldes", in dessen Zusammensetzung und die industrielle Förderung. Wer also sein Schulwissen in Geologie und Chemie wieder auffrischen will, ist hier genau richtig. Wichtig wäre es allemal, denn Erdöl bestimmt unseren Alltag: Sprit, Heizstoff, Schmiermittel, aber auch Plastik, CDs oder Medikamente – wussten Sie, dass jedes dieser Produkte auf der Basis von Erdöl hergestellt wird?

Deutsches Erdölmuseum Wietze
Schwarzer Weg 7-9
29323 Wietze
T 05146/92340
www.erdoelmuseum.de

[98] Von Schlössern und Bienen
Residenzstadt Celle

Zur alten Residenzstadt Celle am südlichen Rand der Lüneburger Heide ist ein Tagesausflug ein Muss – länger zu verweilen ist empfehlenswert. Hübsch ist das Zentrum der 72.000-Einwohner-Stadt mit seinen alten Fachwerkhäusern, und einen Abstecher in die Kaffee-Rösterei Huth am Großen Plan 7 sollten Gäste unbedingt einplanen. Denn die Ladeneinrichtung im Kolonialambiente ist auch für Nicht-Kaffeetrinker ein Hingucker.

Beeindruckend präsentiert sich das nahe gelegene Herzogschloss

mit der vollständig erhaltenen Renaissance-Kapelle. Das Schloss ist gleichzeitig das älteste Gebäude der Stadt. Seine frühesten Teile stammen aus der zweiten Hälfte des 13. Jahrhunderts. Tolles Ambiente für ein einmaliges Kulturerlebnis bietet das älteste, noch bespielte Barocktheater Deutschlands, das sich ebenfalls im Schloss befindet. Völlig anders aber nicht minder besonders ist das Deutsche Stickmuster-Museum im Palais im Prinzengarten. Die Ausstellung zeigt am Beispiel von Stickmustertüchern eine textile Alltagskultur aus vier Jahrhunderten. Es handelt sich dabei im Prinzip um kleine „Notiztücher", denn Mädchen zwischen fünf und 15 Jahren stickten auf den Sammeltüchern die Muster ein, mit denen sie später ihre Aussteuer verschönern wollten.

Celle sorgt für Abwechslung: Wer neben dem kulturellen Genuss auch Entspannung in der Natur sucht, wird fündig: Gepflegte Grünflächen bieten zum Beispiel der Schlosspark oder der Französische Garten, in dem sich auch das LAVES-Institut für Bienenkunde befindet. Von hier aus erhalten Berufs- und Hobbyimker neue Königinnen und Larven und es werden Aus- und Fortbildungen angeboten. Der Celler Heilpflanzengarten gehört ebenfalls zu den vielen Orten in der Stadt Celle, die einen Besuch wert sind: Er zeigt sich als ein Potpourri teils herrlich duftender Kräuter auf einem weitläufigen Gelände.

Tourismus und Stadtmarketing Celle GmbH
Markt 14 - 16
29221 Celle
T 05141 / 12 12
www.celle-tourismus.de

[99] Von Teppichen & Truhen, Brillen & Bibelsprüchen
Kloster Wienhausen

Will man die Heideklöster, von denen es mit Lüne, Ebstorf, Isenhagen, Walsrode, Medingen und Wienhausen insgesamt sechs gibt, vergleichen, trumpft das Kloster Wienhausen durch sein prunkvolles Inneres auf. Zur reichen kulturhistorischen Ausstattung zählen – um nur einige zu nennen – die historische, getäfelte Äbtissinnenzelle, die Zelle der Konventualin Engel Wennes mit verzierten Bibelsprüchen, die aus dem Jahr 1593 stammt, die zahlreichen mittelalterlichen Kunstwerke und massiven Truhen und Schränke. Faszinierend sind außerdem die gestickten gotischen Bildteppiche aus dem 14. und 15. Jahrhundert. Erst 1952 fanden Handwerker unter dem Gestühl der Nonnen einen weiteren Schatz: Nietbrillen aus dem 14. und 15. Jahrhundert und weitere wertvolle Gegenstände des Alltags.

Aber auch von außen betrachtet macht das Kloster Eindruck: Die markanten Backsteingiebel datieren aus dem späten Mittelalter und sind Zeugen des Reichtums zu Anfang des 14. Jahrhunderts. Von Anfang an – also seit etwa 1230 – war das Nonnenkloster gut mit Einkünften ausgestattet, denn viele der adeligen Bewohner stammten aus dem Welfenhaus und brachten Schenkungen und Stiftungen mit. Seit der Reformation beherbergt das Kloster, das ursprünglich als Zisterzienserkloster gegründet wurde, ein evangelisches Konvent. Heute leben bis zu zwölf Konventualinnen und die Äbtissin dort.

Kloster Wienhausen
An der Kirche 1
29342 Wienhausen
T 05149/18660
www.kloster-wienhausen.de

Danke!

Viele Einwohner der Lüneburger Heide haben mit tollen Tipps und ihren kleinen persönlichen Geschichten geholfen, die Orte in diesem Buch zusammenzutragen. Dafür danke ich insbesondere Addo Casper, Anika Ströbele, Birgit Rehse, Christa und Detlev Willenbockel, Ernst Brennecke, Gabi Meier, Günter und Dora Reinken, Gunda Ströbele, Harald Schilbock, Jan Brockmann, Jürgen Clauß, Katrin Zilke, Kerstin Pankoke, Margitta Reinken uns Hans Meyer-Reinken, Marlis Duda, Monika Griefahn, Sieglinde Winkelmann und Stefan Lübben.

Ich danke auch allen Bewohnern der Lüneburger Heide, die mich bei der Faktenrecherche und -kontrolle unterstützt haben, die mich spontan empfangen und sich Zeit für mich genommen haben. Ich bin froh über all die Menschen, die mich mit Bildern versorgt haben von Orten, an denen ich – wie oft – im strömenden Regen unterwegs war. Meiner Familie, Carsten und meinen Freunden, die die Orte mit mir besucht haben und die über Wochen und Monate immer wieder interessiert waren am Fortschritt des Buches, sage ich ebenfalls 1.000 Dank.

Abbildungsverzeichnis:

S. 6, 8/9, 12/13, 18, 19, 20, 22, 24, 26/27, 29, 32, 34/35, 36, 39, 41,42, 44, 45/46, 49, 50, 51,52/53, 54/55,56, 60/61, 64/65, 66, 68, 70/71, 72, 73, 76,77/78, 80/81, 83, 84/85, 86, 89, 90, 91, 95, 97/98, 99/100, 101, 103, 104, 106, 108/109, 110/111, 112, 113, 114, 115/116, 117, 119, 120/121, 122/123, 124/125, 126, 127/128, 132/133, 134/135,136, 140/141 143/144, 144/145, 146/147, 148, 151,152/153, 156 Petra Reinken/www.wortwolf.de
S. 11 Marietta Müller/Iris Borchert
S. 14/15 Vogelpark Walsrode GmbH
S. 16/17 Thorsten Neubert-Preine
S. 20/21 Zauberkessel (Kracke-/TietschGbR)
S. 23 FloraFarm Ginseng
S. 25 Antiquitäten-Café Schwarmstedt
S. 28/29 Jutta Huber
S. 30 Spielmuseum – Stiftung Spiel
S. 33 Soltau-Therme
S. 37 Isländerhof Rutenmühle
S. 40 Molkerei Lünzener Käseschmiede
S. 43 Schneverdingen Touristik
S. 47 Walderlebniszentrum Ehrhorn
S. 48 Bispingen Touristik
S. 57 Greifvogel-Gehege Bispingen
S. 58 Dieter Haumann
S. 59 Stadt Munster
S. 62 Freilichtmuseum am Kiekeberg
S. 63/64: KG Hochwild Schutzpark Schwarze Berge
S. 67 Gasthaus Horster Mühle
S. 69 alaris Schmetterlingspark GmbH
S. 74/75 Arbeitskreis Astronomie Handeloh e.V.
S. 79 Tanja Askani
S. 82 Barfußpark Egestorf
S. 90 Sebastian Tappert
S. 92,93/94 Samtgemeinde Bardowick
S. 98/99 Redeleit und Junker
S. 102 Kurverwaltung Bad Bevensen
S. 105 Bad Bevensen Marketing GmbH
S. 107 Ellenbergs Kartoffelvielfalt GbR
S. 110 Verkehrsverein Samtgemeinde Ebstorf
S. 117 Stadt Uelzen
S. 118 Lutz Reinecke
S. 129/130 Aktion Fischotterschutz e.V.
S. 131 Bauer Banse Hofmolkerei
S. 136/137 Bauerncafé Rölings Hof
S. 138/139 Albert-König-Museum Unterlüß
S. 142 Galerie Brammer
S. 148/149 Misselhorner Hof
S. 150 Gunda Ströbele
S. 154/155 Gedenkstätte Bergen-Belsen
S. 155 Klemens Ortmeyer
S. 157 Deutsches Erdölmuseum Wietze
S. 158/159 Tourismus und Stadtmarketing Celle
S. 160/161 Kloster Wienhausen

Weitere Regionaltitel zur Lüneburger Heide:

Architektourführer und populäre Geschichte zur Region

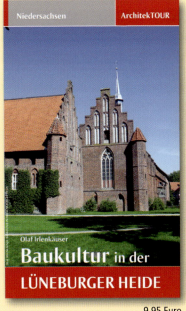

9,95 Euro

14,95 Euro

Erhältlich im Buchhandel oder unter www.culturcon.de

CULTURCON medien
Choriner Straße 1
10119 Berlin
Telefon 030/34398440
Telefax 030/34398442
www.culturcon.de

ANZEIGEN

Schneverdingen - die Heideblütenstadt im Herzen der Lüneburger Heide

Bei uns können Sie wandern, Rad fahren, walken und reiten auf ausgeschilderten Wegen im Naturschutzgebiet

Vergessen Sie den Alltagsstress und genießen Sie die weitläufige Natur - das ist Entspannung pur!

Weitere Informationen erhalten Sie bei der:

Schneverdingen Touristik
Rathauspassage 18
29640 Schneverdingen
Telefon: 05193 93-800
Fax: 05193 93-890
touristik@schneverdingen.de
www.schneverdingen-touristik.de

Bad Bevensen - Quelle des Wohlgefühls

- Schwimmen, Saunieren, Wellness in der Jod-Sole-Therme
- Radfahren und Wandern in der Wald-, Auen- u. Heidelandschaft
- Musik und Kultur im Kloster Medingen
- Auf den Sonnenterrassen im Kurpark die Zeit genießen
- Flanieren und Shoppen in der attraktiven Fußgängerzone

BAD BEVENSEN
Quelle des Wohlgefühls

Bad Bevensen Marketing GmbH, Dahlenburger Str. 1, 29549 Bad Bevensen
Tel. 05821 570, Internet: www.bad-bevensen-tourismus.de

Zeitschrift
Niedersachsen

Welches Heft fehlt Ihnen noch?

Bestellen Sie einfach:

CULTURCON medien
Choriner Straße 1
10119 Berlin
Telefon 030/34 39 84 40
Telefax 030/34 39 84 42

CULTURCON medien
Ottostraße 5
27793 Wildeshausen
Telefon 04431/955 98 78
Telefax 04431/955 98 79

www.culturcon.de

Einzelheft: 5,90 € zzgl. Versandkosten

Gerne können Sie unser Magazin auch abonnieren:
Für 32 € bekommen Sie fünf Hefte im Jahr frei Haus geliefert.

Wer mehr über Niedersachsen wissen will, muss NIEDERSACHSEN lesen. Viermal im Jahr. Über 200 Seiten.